달콤한 빙산

# 달콤한 빙산

김상미의 감성엽서

김상미 지음

이 책은 사랑하는 내 형제와
'시작의 풍경' 팀과 세계일보,
서울문화재단, 담양의 '글을낳는집',
'나무발전소' 김명숙 대표의 도움으로
만들어졌다.
모두 모두에게 다정함과 고마움을 전한다.

2025년 늦가을 오후, 김상미

차례

**봄**

| | |
|---|---|
| 마지막 왕국 | 012 |
| 몽타주 | 021 |
| 영희 엄마 | 026 |
| 소소한 독백 | 030 |
| 후배의 전화 | 033 |
| 어머니의 눈물 | 036 |
| 우리는 우리가 늘 그리운 사랑 | 040 |
| 오월, 산책길에서 | 044 |
| 2349년으로 가다 | 047 |
| 고양이 집사는 아니지만 | 050 |
| 51년 만에 돌아온 책 | 053 |
| 고마워요, 알베르토 망구엘 씨! | 056 |
| 애타게 데이지꽃을 바라보며 | 059 |

## 여름

- 여름비 — 066
- 영원의 그 바다! — 069
- 부조리극의 성스러움 — 080
- 집 — 083
- 바다가 그리운 날 — 088
- 추억의 발라드 — 091
- 언어 절도 행각 — 094
- 페소아의 리스본에서 — 097
- 3인치 화가, 강익중 — 100
- 그리운 옛 등대 — 103
- 내 시의 하나밖에 없는 애인 — 106

| | | |
|---|---|---|
| 가을 | 어느 뮤지션의 하루 | 114 |
| | 오, 아름다운 가을날 | 121 |
| | 실비 제르맹 | 124 |
| | 시월을 올리버 색스와 함께 | 127 |
| | 빈센트 반 고흐 | 132 |
| | 단순한 내 밥상 | 137 |
| | 햇빛이 눈가루처럼<br>흩날리는 가을 한낮에 | 140 |
| | 거울 앞에서 | 145 |
| | 이루 말할 수 없이 넓고 깊은 숲 | 148 |
| | 레몽 루셀 | 152 |
| | 시인이 개구리가 무섭다니 | 156 |

**겨울**

| | |
|---|---|
| 술이라는 정공법 | 162 |
| 승마 | 165 |
| 그림책 수업 | 170 |
| 다정한 함박눈이 펑펑<br>– 시인 최승자 | 174 |
| 책귀신들 | 179 |
| 달콤한 빙산 | 185 |
| 눈 내린 하루 풍경 | 189 |
| 아주 오래된 편지 한 장<br>– 김점미 시인에게 | 193 |
| 새를 사랑하는 마음 | 197 |
| 서대문자연사박물관 가는 길 | 200 |
| 두 시인을 떠나보내고 | 203 |
| 아주 어린 날 어머니가 사준<br>공책 두 권 | 207 |
| 새해엔 쓰고 쓰리라 | 213 |

김상미의 감성엽서

# 봄

그동안 참 많은 책을 읽고, 참 많은 시와 시인들을 만났다. 언어로 이루어진 무수한 피라미드 아래서 울고, 웃으면서 이곳까지 왔다. 그 사이 한 세기가 가고, 한 세기가 왔다.

문학이란 '정직한 태도' 하나만으로 직진하기에는 너무나 다양하고 너무나 유연한 세계이다. 그중에서도 시란 시인의 길이란 미로와 같아 어디부터가 시작이고, 어디까지가 끝인지 도저히 알 길이 없다. 늘 가던 길도 낯선 길 같고, 낯선 길음 낯익은 길인 듯 따라가다 화들짝 놀라 돌아보면, 마음에 심각한 부상을 입었거나 더이상 존재하지 않는 길을 무작정, 억지로 만들면서 걸어온 것 같아 오던 길도 잃고 갈 길도 잃어 어쩔 줄 몰라 했던 나날들….

하지만 그 몸부림은 이 세계를 향한 나만의 몸부림인 동시에 거대한 괴물과도 같은 현대문명을 향해 내가 던지는 조그만 잔돌들에 불과해 나는 언제나 내가 인간인 것을, 시인인 것을 잊지 않으려 노력했다. 늘 인간의 편에서 인간인 채로 인간으로 남고 싶다는 그 희망을 버리지 않았다.

이 모든 글은 그 길 위에서 쓴 나의 소소한 보고서이다. 그리고 이 작업은 계속될 것이다.

# 마지막
# 왕국

나는 바다가 보이는 언덕에서 태어났다. 나의 이력 중 무엇보다도 가장 마음에 드는 부분이 그 점이다. 바다가 보이는 언덕에서 태어나 바다를 지척에 두고 성장했다는 점. 그렇게 바다와 함께 살면서 프랑스의 한 시인처럼 나 역시 은밀하게 '흐르는 모든 물결의 선장'이 되는 꿈을 꾸곤 했다.

　　바다는 참 신기했다. 똑같은 바다임에도 시시각각 다르게 보였다. 나는 그런 바다를 온몸으로 느끼며 살았다. 누군가가 말했다. 우리 눈의 맑은 액체는 바닷물이고, 우리 눈에는 물고기가 살고 있다고. 그리고 사랑은 눈에 있는 물고기의 먹이이고, 사랑만이 그 물고기들을 키울 수 있다고.

나는 그게 은유라는 걸 알면서도 아직도 그 말을 믿으며 살고 있다. 그런 나를 가리켜 내가 좋아했던 한 지인은 내게 '물고기 여자'라는 닉네임을 붙여주었다.

초등학교에 입학하면서 행복했던 '우리 집'은 허름한 셋집으로 바뀌었다. 마음 좋은 아버지가 누군가에게 빌려준 큰돈이 잘못되어, 우리 가족은 '집'과 '양계장'과 '동물 사료 가게'까지 고스란히 은행으로 넘겨주어야 했다.

연산동 허름한 셋집에선 바다가 보이지 않았다. 대신에 곳곳에 저수지들이 많이 있었다. 나는 엄마랑 혹은 동네 아줌마들이랑 자주 저수지에 빨래하러 갔다. 어른들은 절대 혼자서는 저수지에 가면 안 된다고 신신당부를 했다. 저수지 안에는 용이 되지 못한 이무기가 살고 있어, 여자아이 혼자 가면 날름 잡아먹는다고 했다.

정말일까? 궁금해서 살짝 혼자 갔다가 혼비백산 도망쳐 온 적이 있다. 저수지 중앙에서부터 부글부글 거품이 일더니 그 거품들이 내가 서 있는 저수지 끝으로 몰려오는 게 아닌가. 그 모양새가 마치 커다란 뱀(이무기?) 같은 게 물밑으로 스르르 다가오는 것처럼 보였기 때문이다. 그 후로 나는 절대 혼자선 저수지는 물론 강가에도 가지 않았다.

아버지의 직업이 자주 바뀌는 바람에 초등학교를 세 번이나 옮겨 다녔다. 그러다 초등학교 4학년 말에야 수정동 산동네에 있는 수성초등학교에 정착하게 되었다. 그동안 배우지 못한 곱하기, 나누기도 그때서야 잘하게 되었다. 글자는 아무도 가르쳐준 적이 없음에도 잘 읽었다. 초등학교 입학했을 때(그때는 유치원 과정이 없었다), 내가 국어책을 척척 읽어내는 걸 보고 선생님도 놀라고 나도 놀랐다. (아마도 어릴 때부터 오빠와 언니 옆에 앉아 가만히 책 읽는 걸 듣고 있다가, 아무도 없을 때 혼자서 들은 대로 읽어보곤 했던 게 나도 모르게 글자를 깨치게 했던 모양이다.)

우리 집은 수정동 산동네에서 제일 큰 집, 열한 가구가 함께 사는 공동 주택 안에 있었다. 예전엔 공장이었던 곳이라 열한 가구가 함께 살아도 비좁은 느낌은 들지 않았다. 오히려 건물 밖 군데군데 제법 넓은 공간(마당)이 있어 아이들에겐 매우 좋은 놀이 공간이 되어 주었다.

나는 그곳에서 참 많은 유형의 사람들을 보고 겪었다. 집집마다 아이들이 셋 이상은 되었으니, 동무도 많았고, 오빠, 언니들도 많았다. 이따금 그들이 무척 그리울 때가 있다. 장맛비가 지나가고 나면 우리는 다 같이 냇가(큰 도랑)로 나가 못이나 고철 등을 주우러 다녔다. 주운 것을 고물상 아저씨에게 가져가면 엿이나 돈으로 바꿔주었기 때문이다. 그 당시엔 그렇게 버는 돈 외엔 명절 때가 아니면 용돈이란 게 없었다.

　우리 형제들은 모두 공부를 잘했다. 가난했지만 공부는 물론 예술 쪽으로도 강세여서 상을 많이 타왔다. 선생님들은 글짓기와 관계된 것은 반 대표든 학교 대표든 무조건 내게 시켰다. 나는 그림도 잘 그리고 글씨도 잘 써 학급 게시판은 늘 내 차지였다. 중학교 땐 다른 반 선생님까지 내 솜씨를 빌려(?)갈 정도였다.

　내가 정식으로 문학에 눈을 뜨게 된 건 중학교 때부터인 것 같다. 그때의 친구들이 참 그립다. 우리는 진짜 '문학소녀'들이었다. 참 많은 책을 돌려가며 읽었다. 로제 마르탱 뒤 가르의 대하소설 『티보가의 아이들』 중 『회색노트』를 읽고는 그들을 흉내 내 우리들만의 '회색노트'를 만들기도 했다. 그 당시 우리가 사랑했던 사람들은 데미안, 싱클레어, 토니오 크뢰거, 로미오와 줄리엣, 파우스트, 몽테크리스토 백작, 셜록 홈즈, 에이햅 선장, 스칼렛, 제인 에어, 히스클리프와 캐서린, 전혜린, 루이제 린저……등등. 대부분 작가보다는 책 속의 주인공들이었다.

그때가 정말 그립다. 좋은 선생님과 좋은 친구들. 어른이 되어선 그들 중 아무도 만난 적이 없다. "잃어버린 것은 다 어디에 있는가? 잃어버린 것이 사라진 곳, 바로 거기에 마지막 왕국이 있다"고 파스칼 키냐르는 말했다. 나는 그 '마지막 왕국'이 내 기억 속이라 생각한다. 그 기억들이 하나둘 풀려나오면서 다시 문학이 된다고 생각한다. 나만의 문학에 불과할지라도!

중고등학교 시절엔 시와 소설을 함께 썼다. 6년 동안 학교 교지를 만든 탓에 소설이 필요했기 때문이다. 그때 쓴 소설은 지금 읽어도 꽤 재미있다. 선생님들은 내게 시보다 소설을 쓰라고 했다. 문장력이 좋아 시보다 소설이 더 낫다고. 시 쓰기엔 내가 너무 이성적이고 논리적이라는 말도 했다.

고등학교는 남녀공학을 다녔다. 생긴 지 3년밖에 안 된 부산대학교 사범대학 부설고등학교였다. 여자 3학급, 남자 3학급으로 참 소담스러운 학교였다. 훌륭한 선생님들이 많이 계셨다. 그분들은 대부분 대학교수님이 되셨다.

나는 고3이 되면서 공부를 열심히 하지 않았다. 대학 진학이 어려운 형편이라 공부에 쏟던 힘을 놓아버렸다. 내가 살아오면서 가장 후회되는 부분이 있다면 그때의 일이다. 대학을 가든 안 가든 열심히 공부했어야 했는데…. 한 번 놓친 공부는 아무리 따라잡으려 해도 좀체 따라잡을 수가 없었다.

졸업식을 앞두고 선생님 몇 분이 어떻게 해서든 대학을 가라고, 고등학교로 끝내기엔 내가 너무 아깝다고 안타까워하셨다.

나는 고래잡이들을 생각했다. 날렵하게 번뜩이는 칼 하나를 입에 물고 뱃머리엔 작살을 정착한 채, 고래를 향해 끝없이 노를 저어 가는 고래잡이들. 내 생도 그처럼 외롭고 격렬한 항해가 되리란 생각을 했다.

고등학교를 졸업했지만, 여고 졸업생들이 갈 만한 취직자리는 하늘의 별 따기였다. 그래도 나는 꿋꿋하게 이 일 저 일 마다하지 않고 무엇이든 했다. 시간이 지나면서 대학생 친구들을 만나는 횟수도 줄어들었다. 나는 나만의 외딴 방(내면 깊은 곳)을 만들기 시작했다. 젊은 날의 방황은 표시도 없이 사람을 갉아먹었다. 겉으론 음전하기 그지없었으나 그 내면엔 지옥불 같은 정체불명의 열망들이 이글이글 타오르고 있었다. 나는 그 열망 때문에 너무나 아프고 고통스러웠다. 열망의 정체도 모르면서 숨이 막힐 것만 같았다. 어딘가로 탈출하고 싶었지만…… 이놈의 가난은 너무 길고, 끝이 없었다.

 번개가 치고 천둥이 치는 날이면 바다로 달려갔다. 천둥 번개에 뒤집히는 바다를 보고 있으면… 그래도 마음이 조금씩 가라앉았다. 그런 날이면 나는 오래, 정말 오랫동안 바닷가에 앉아 있었다. 내 몸이 파도에 실려 먼 수평선까지 밀려갔다 밀려올 때까지.

 스물일곱 살 되던 해에 아버지가 돌아가셨다. 선장(아버지)을 잃은 배는 하루하루가 불안했다. 나는 두 동생이 대학을 졸업하고 직장을 갖게 되기만을 기다렸다. 그러면 나는, 그때는 늘 내가 꿈꾸어 왔던, 오로지 나만을 위해 살아야지… 부질없는 희망을 다지고 다졌다. 그때의 내 친구는 모차르트와 라벨이었다. 바흐도 브람스도 베토벤도… 내 기운을 상승시켜 주지 못했지만, 모차르트와 라벨은 내 기운을 상승시켜 주었다. 나는 날마다 그들을 들으며 밤에는 빈센트 반 고흐가 동생 테오에게 쓴 편지를 읽었다.

 고흐는 내게 참 많은 걸 가르쳐 주었다. 그를 통해 멋진 시인들과 화가, 작가들을 많이 만났다. 나에게 있어 고흐는 화가라기보다는 최고의 시인이었다. 그에게서 세상을 읽는

'사랑'과 '직관'과 '색채'를 배웠다.

　그의 삶은 비록 '방황하는 네덜란드인'에 가까웠지만, 나는 그가 그림을 그리기 위해 세상 속으로 걸어 들어가는 모습을 상상하며 남몰래 감격하곤 했다.

　서른한 살이 되던 겨울, 드디어 나는 부산을 떠나 서울로 탈출했다. 장 그르니에의 말처럼 혼자서, 아무것도 가진 것 없이, 낯선 도시에 도착하는 꿈을 이루었다. 망망대해와 같은 이 낯선 도시에 나의 마지막 왕국을 지어보기 위해!

　낮과 밤, 어디에도 속하지 않는 서울에서의 생활은 '익명'이라는 무기 덕분에 때로는 아주 용감해질 수도 때로는 쥐죽은 듯 고요해질 수도 있었다. 나는 내 속에 있는 덧창이란 덧창은 모두 열어젖히고, 시를 쓰기 시작했다. 시는…… 내가 자신을 너무나 사랑한다는 걸 알고는 더 밝은색으로, 더 깊고 심오한 밝은색으로 불타올랐다.

　그리고 그것은 내 '자존심'이 되었다.

뱀이 유혹하자 나는 그것을 따먹었다

그리고는 푹푹 썩었다

썩으면서도 날아 들어갔다

가장 밝고 뜨거운 불 속으로

이카로스처럼 찬란하게


— 「자존심」 전문


   그 후의 일은 나도 모른다.

# 몽타주

*

 서른이 넘어서야 비로소 그녀는 혼자가 되었다. 혼자라는 것이 기뻐서 어느 땐 거리에서 만난 사람을 붙들어 무작정 초대할 뻔한 적도 있었다.

 자유. 그러나 그녀는 그 단어가 무엇을 의미하는지 굳이 알고 싶지는 않았다. 알려고도 하지 않았다. 다만 끊임없이 그녀를 괴롭히고 옥죄어왔던 느낌—한순간 한순간이 그녀에게서 도저히 만회할 수 없는 무엇인가를 앗아가고 있다는—에서 조금씩 놓여나는 것이 기쁠 뿐이었다.
 그렇게 혼자가 되면서 그녀는 가벼워지기 시작했다. 몸

과 마음이 함께 가벼워지기 시작하자 그녀가 내면 깊이 숨기고 있던 '웃음들'이 밖으로 또르르 굴러나오는 듯했다. 가벼워진다는 것이 이처럼 감미롭고 즐거울 줄이야. ―그녀는 자신의 삶을 자신이 책임지고 키워나가야 한다는 게 두려우면서도 아주 기뻤다. 여하한 삶의 기분도 놓치지 않고 즐기고 싶었다.

그래, 그녀가 꿈꾸는 건 그런 독거였다. 관념도, 어떤 미학도, 우울도 없이 그냥 살아가는 것. 자신의 내부를 자신이 들여다보며, 여태껏 자신과 익숙해지지 않은 다른 부분들과의 새털처럼 가벼운 포옹.

* *

그녀는 그림을 보고 있었다. 가을이 섞어놓은 색깔 같은 풍경화. 예측할 수 없는 기분 아래 앉아 그림 속의 꽃들을 꺾고 있었다.

한 줄기 햇살이 흘러들어와 그녀의 내부를 건드렸다. 서서히 내부가 표면으로 떠오르며 생명을 가지려는 듯 보였다. 그건 벽 사이에 난 작은 틈처럼 눈치채기 어려운 간지러움 같은 것이었다. 그녀는 더할 수 없이 나른해져 가는 자신의 내

부 속으로 꺾은 꽃들을 전부 던져 넣었다. 비로소 자유라는 단어가 형태를 띠기 시작했다.

* * *

그녀는 회상한다. 수묵화를 그리던 남자. 미끄러져 흘러가는 가벼운 그늘 속에선 커피보다 녹차가 기분전환에 더 낫다던 남자.

그러나 그녀가 마시고 싶었던 건 커피였다. 둔탁하고 진한 한잔의 커피. 그 커피를 마시려다 폭탄에 산산조각이 난 오스카르(귄터 그라스의 『양철북』의 주인공)의 난쟁이 애인처럼!

남자는 다시 물을 끓여 커피를 타주었다. 그 커피 속에는 뭔가 시선을 자극하는 아름다움 같은 게 들어 있는 듯했다.

―네가 여기에 와서 내 고독을 깨뜨려주니 참 근사하구나―

입김으로 흐려진 유리창 저 너머 백화점 입구에는 한가득 쇼핑백을 채워 나오는 사람들로 붐비고 있었다.

그녀는 커피 향기로 인해 서서히 깨어나는 화실의 먼지들을 향해 고개를 까딱했다. 때로는 먼지조차 한 사람의 일부인 듯 아름다울 때가 있구나, 미소 지으며….

* * * *

그가 책 한 권을 가져와 그 안에 줄 친 부분을 읽어주었다.

"그는 그 여자 앞에 서게 되었을 때 그녀를 바라보고는 본의 아니게 눈을 내리깔았다. 그녀는 그가 상상했던 여자와는 조금도 닮지 않았으며, 보다 더 유혹적이고 보다 덜 아름다웠다. 꽃밖에는 연상할 수 없는 섬세한 피부 위에서 새빨간 입술은 사나울 정도로 강렬한 윤곽을 드러냈다. 그는 사람의 얼굴을 본다기보다 가면을 보고 있다는 인상을 받았다. ……그 자그마하고 오만하고 무례한 여자가 모이라였다. 그는 모이라를 아주 다른 인물로 상상했었는데, 실재의 모이라는 추하지는 않지만 황홀해서 바라보기에는 너무 특이했고, 너무 낯선 모습이었다. 바로 그랬다. 먼 나라에서 온 여인. 입술을 칠하고, 「요한 계시록」에 나오는 창녀처럼 빨간 옷을 입은, 그녀는 지독하게 매력적이었다."

이 부분은 그녀도 좋아하는 『모이라』(쥘리앙 그린의 소설) 중의 한 부분이다. 야성적이고 난폭한, 운명에 대해 난폭하게 주먹을 쳐든, 그러면서도 새털처럼 가벼운 모이라. 그 모이라를 만났을 때, 그녀 또한 책 속의 주인공만큼 충격적이었다. 그것 그녀가 아는 영화, 울리히 에델 감독의 〈브루클린으로 가는 마지막 비상구〉에 나오는 여주인공 '트랄랄라'를 연상시켰다. 마치 그녀가 그 책 속으로 걸어 들어간 것처럼.

이처럼 살아 있다는 수수께끼는 책 속에, 모르고 지나친 사라져 가는 것들 속에 새롭게 고여 있었구나. 진짜 그림은 낡았을지 모르지만 진짜 생각은 새롭고 현대적이라는 말이 있듯이. 그것 산호나 진주 속이 아닌 지나간 사람들의 시선, 기슴속에 살아 있었구나.

그녀는 인사동 통인 가게 앞의 감나무 아래에서 걸음을 멈추었다. 서울 한복판에서 이렇듯 아름답게 자란 감나무를 볼 수 있다는 게 신기했다. 푸르고 무성한 잎 사이로 빗방울들이 작은 폭포를 이루며 흘러내리고 있었다. 어찌나 아름다운지!
비와 감나무와 자신 사이에 서 있는 모든 것들이 갑자기 가슴 뭉클하게 밀려오는 것 같았다.

## 영희 엄마

장미의 계절 오월이 오면 마당 안에 장미꽃밭이 있던 영희네 집이 생각난다. 영희네 집은 골목 끝에 있지만 우리 동네에선 몇 번째로 마당이 넓은 집이다. 내가 영희와 친해진 것도 순전히 그 넓은 마당 때문이다. 나는 병적으로 광장같이 넓은 곳을 좋아해, 처음 영희네 집에 놀러 갔을 때 그 집 마당을 보고는 그만 반하고 말았다. 게다가 영희네 집엔 아버지가 안 계셔 밤늦게까지 놀 수가 있어 더욱 좋았다.

영희 엄마는 시내에서 큰 양장점을 하는, 요즘 말로 하면 의상 디자이너였다. 얼마나 예쁜지, 영희 엄마만 보면 장미꽃 같다는 말이 절로 나왔다. 그리고 고등학생인 영희 삼촌은 또 얼마나 멋진지… 잠자는 공주를 깨운 왕자님 같았다. 영희와 나는 학교가 파하면 으레 영희네 집 대청마루에 앉아 숙제도 하고, 인형 놀이도 하며 함께 놀았다. 영희네 집은 장미의 계절인 오월에 가장 아름다웠다. 꽃밭 가득 장미꽃이 활짝 피어나 온 집안을 장미 향기로 물들였다. 어찌나 향기롭고 달콤한지… 우리 몸에도 장미꽃이 피어나는 것 같았다.

나는 영희 엄마가 쉬는 날에도 그 집에 갔다. 영희 엄마가 장미꽃밭을 가꾸는 모습을 바라보는 게 좋았기 때문이다. 영희 엄마는 어린 내가 보기에도 참 예쁘고 기품 있어 보였다. 이슬 머금은 한 송이 장미꽃 같았다.

꽃밭 가꾸기가 끝나면 영희 엄마는 장미꽃을 한 다발 꺾어 우리 엄마에게 갖다주라고 했다. 영희와 잘 놀아주는 나에 대한 고마움의 표시라고 했다. 우리 엄마는 동네 아줌마들처럼 이상한 눈으로 영희 엄마를 대하지 않았다. 동네 아줌마들은 영희 엄마가 지나가면 자기들끼리 쑥덕쑥덕했다. 심지어 영희와 놀지 말라는 사람도 있었다. 나는 아줌마들이 영희 엄마를 가리켜 첩이니, 정부니 하는 말을 들었지만, 엄마에겐 그런 말을 하지 않았다. 혹 엄마도 영희와 놀지 못하게 할까 봐 겁이 났기 때문이다. 정말이지, 나는 영희와 영희네 집에서 노는 게 정말 좋았다. 그 집엔 피아노도 있고, 그림 동화책도 많이 있고, 일하는 아줌마도 있어 맛있는 간식도 자주 갖다주었다. 그리고 가끔 영희 삼촌이 태워주는 자전거의 맛. 바람을 가르며 달리는 그 맛을 놓치고 싶지 않았다.

    그렇게 나와 영희는 초등학교 6학년이 될 때까지 친하게 지내다 우리 집이 이사하게 되어 헤어지게 되었다. 영희는 나와 헤어지는 것이 슬퍼 많이 울었지만 나는 왠지 눈물이 나오지 않았다. 어린 나이에도 나는 이별에 대해 아주 담담했다. 한번 친구는 헤어져 살아도 영원히 마음에 남는 친구라 생각했다. 이별보다는 오히려 내겐 새로운 곳으로 간다는 사실이 더 가슴 설레는 일이었다.

    우리가 이사하기 전날, 영희 엄마가 우리 집엘 찾아왔다. 손수 지은 내 원피스랑 예쁘게 말린 장미 꽃다발을 한 아름 안고 왔다. 영희와 내가 잿가루빛 장미라고 부르는 흑장미 다발이었다. 어찌나 잘 말렸던지 생화처럼 아름다움이 그대로 보존돼 있었다. 나는 그 꽃다발을 보는 순간 눈물이 핑 돌았다. 내가 얼마나 영희와 영희 엄마를 좋아했는지 알 것 같았다. 엄마도 나와 같은 생각인지 한참 동안 그 꽃을 바라보고 계셨다. 그 장미 꽃다발은 이사한 집에서도 오래오래 엄마 방에 걸려 있었다. 영희 엄마가 내게 만들어준 장미꽃 원피스가 작아서 도저히 입을 수 없게 될 때까지.

그 후 다시는 영희네 가족들을 만나지 못했지만, 장미꽃만 보면 영희네 집이 생각나고, 영희네 가족들이 그리워진다. 장미는 꽃 중에서 가장 아름다운 꽃이다. 아름다울 뿐만 아니라 우아하고 비밀스럽다. 그래서 한없이 슬픈 꽃이다. 어디에서 만나건, 어느 각도에서 보건, 언제나 환히 웃으려 해도 반쯤은 쓸쓸해 보이던 영희 엄마. 나쁜 운명으로 미혼모가 되어 장미꽃 속에 꼭꼭 숨어 있던, 영희 엄마.

장미의 계절 오월이 오면 영희 엄마 생각이 난다. 수백 송이 장미꽃에 영혼을 숨겨놓은 사람 같았던!

# 소소한 독백

또다시 카프카에스크(Kafkaesque)가 찾아왔다. 줄곧 평화로웠는데. 불안, 좌절, 고독, 혼란, 고통이 담을 넘어 내 방으로 침입해 왔다. 나는 얼른 문을 꼭꼭 닫아걸었는데 이미, 때는 늦었다. 아, 싫다. 이 불안, 이 고통, 이 우울! 카프카적 감정과 연관된 것은 모두 싫다. 프라하엔 지금 눈이 내릴까, 비가 내릴까, 버지니아 울프의 런던처럼 짙은 안개가 내려 아무도, 아무것도 안 보였음 좋겠다. 이럴 땐 아무도 안 만나야 한다. 나는 두 개의 약속을 취소하고, 파카를 걸치고 산으로 간다. 곧 봄이 오기 전에 겨울 숲이나 더 많이 밟고, 구겨진 가슴에 잔뜩 찬바람을 몰아넣자. 인간관계에서 오는 모욕을 삭히는 데는 춥고 스산한 바람만 한 약이 없다. 그 속에서 쓰디쓴

블랙 유머를 찾아내자. 스피노자의 '코나투스(본질적, 자연적 충동)', 그 방향을 억지로라도 바꿔놓자.

연두색 선희를 생각하자. 곧 나올 선희의 시집 『소소한 고집』을 생각하자. 봄날의 연두에 번지는 미소. 그 어여쁜 양선희를 생각하자. 그녀의 아름답고 선한 '소소한 고집'에 잠깐 나를 기대자.

이 좋은 친구를 두고 새로운 사람에게로 눈을 돌리다니. 이 나이에 새로운 사람을 사귀고 친해지고 싶어 연연했다니, 정말 큰 실수였다. 이 나이에 금기 중의 금기를 깨뜨려 최악의 쪼잔함으로 썩은 동아줄을 잡으려 했다니!

오랫동안 혼자였던 사람은 혼자일 때가 더 좋다. 혼자 있음으로 이뤄낸 생. 그 생을 아픈 브로치처럼 달고 그냥 살자. 선희에게도 있고 나에게도 있는 소소한 고집, 그 빛나는 고집대로 살자. 그 고집은 아무리 부딪히고 부딪쳐도 금 가는 일이 없잖은가. 봄날의 연두처럼 싱그러운 선희. 그녀를 생각하니 기운이 상승하고, 카프카에스크에도 따스한 미소가 스며든다.

모든 걸 뒤로하고 무작정 서울로 올라왔던 그 시절로 돌아가자. 초심을 잃는 걸 가장 싫어하면서도 그 초심을 잃을 뻔했다. 삶이 나를 향해 미소 짓지 않아도 무조건 내가 먼저 삶을 향해 크게 미소 지으며, 무너지고 깨어지면서도 사회적 장벽을 하나하나 뛰어넘던 그 시절, 구스타프 말러의 교향곡 4번은 얼마나 독창적이고 아름다웠던가.

곧 영춘화가 피리라. 그 영춘화를 따라 김정수 시인과 조현석 시인이랑 맛난 밥을 먹고 뜨거운 차를 마시자. 사람은 언제나 오래된 사람이 좋고, 달콤한 봄바람은 언제나 도취한 그 우정을, 그 최선을 활짝 꽃피게 그냥 두리라.

아, 봄이 온다. 봄날이 온다. 온 세상이 그 생동 기운에 귀를 기울이고 있다. 그 선연한 매혹을 당분간 내 마음으로 삼자. 그 안에서 훨훨 예쁜 나비들이 하나둘 날아오를 때까지!

## 후배의 전화

십여 년 동안 잇고 지냈던 고등학교 후배에게서 전하가 왔다. 정호승 시집을 사려고 서점에 들렀다가, 우연히 나의 시집을 발견하였단다. 전화선을 통해 들려오는 후배의 목소리는 환한 대낮처럼 밝았다.

참, 오랜만이다. 그동안 마음 깊숙이 삼키고 있던 기억들이 서울과 부산 사이에 긴 길을 만들며 분주하게 오고 갔다.

후배는 이십여 년 전에 내게서 받은 편지 한 통을 아직도 갖고 있다고 했다. 언젠가 제주도에서 봄을 맞은 적이 있는데, 그때 보낸 것인 듯했다.

유일하게 내게서 받은 한 통의 편지를 아직도 간직하고 있다는 후배의 말은 미루나무 사이로 천천히 흐르는 강물처럼 정다웠다. 20대의 나는 비트겐슈타인과 쇼펜하우어, 니체 등을 좋아했었나 보았다. 후배가 읽어주는 그때의 편지 속에 그들에 대한 예찬이 들어 있는 걸 보면.

그러나 지금의 나는 그들보다는 빛나는 것, 향기 나는 것들을 더 좋아한다. 햇빛, 달빛, 웃음소리, 꽃, 나무, 바다… 아직도 내 주변에 살아 있는 것들, 살아남은 것들을 더 좋아한다. 어깨 위에서 지저귀는 새 소리를 함께 들을 수 있는 사람들. 만나기만 해도 마음이 바다 위의 하얀 돛배처럼 상쾌하고 행복해지는 사람. 아무것도 아닌 평범한 사람들. 그러나 사랑하고 사랑받을 줄 아는 사람들. 그런 사람들 속에서 나는 더러 길을 잃기도 하고 길을 찾기도 하며, 아주 천천히 80년대를 보내고 90년대를 보냈다.

그런 중에 받은 후배의 전화는 그동안의 얼굴을 강물에 비춰 볼 수 있게 하였다. 아직도 강물에 비치는 얼굴은 미로였으나, 강물에 비치는 내 꿈은 예전의 그런 화려한 꿈들이 아니었다. 지금의 내 꿈은 이른 아침 일찍 일어나는 것과 평생의 스승을 한 분 갖는 것.

기계적으로 반쯤 졸면서 세상을 살아가는 나에게 언제나 "네 이 녀석!"하고 꾸짖어 잠을 확 깨게 해주는 스승. 그런 스승 한 분을 갖는 게 봄의 문턱을 넘는 지금의 나의 꿈이다.

전화 말미에 후배는 멀리서 찾지 말고 우리가 서로에게 그런 스승이 되면 안 되겠냐고 했다. 참 좋은 생각이다. 서로 서로에게 빛이 있으라, 하고 외치는 것!

오늘 밤은 이상하게도 먼 데서 스승과 벗이 한꺼번에 다 찾아온 것인지, 벌써부터 창문 가득 비치는 달그림자가 달콤새큼해지고 있다.

# 어머니의
# 눈물

어느 날, 어머니가 전화를 하셨다. 한 번도 휴대전화(그땐 삐삐)로 전화를 하신 적이 없는 어머니가, 그것도 벌건 대낮에 전화를 하셨다.

 어머니는 울고 계셨다. 살고 싶지 않다고 하셨다. 살고 싶지 않다는 그 말씀에 내 눈시울이 뜨겁게 달아올랐다.
 세계 어느 역사에도 나오지 않는, 어머니 역할밖에 해본 것이 없는 나의 어머니. 칠십 평생을 집 안에서 밥하고, 빨래하고, 청소하고, 아이 키우고… 그 외는 해본 것이 없는 나의 어머니. 여자로 태어난 죄 때문에 여자 아닌 어머니로서만 평생을 사신 나의 어머니.

그런 어머니가 아무리 노력해도 손안에 쥐어지지 않는 자식을 향해, 그만 살았으면 좋겠다며 눈물을 흘리셨다.

어머니의 눈물. 그러나 한 번도 어머니인 적이 없었던 내가 그 어머니의 눈물을 어찌 알 수 있겠는가. 어머니가 살아온 인생과는 너무 다른 삶을 살고 있는 내가, 어머니에겐 단지 딸밖에 안 되는 내가.

전화를 끊고 나서도 한참을 멍하니 창밖만 내다보았다.

어머니의 눈물은 당신이 내 어머니인 것은 알지만 한 번도 어머니의 모습을 충분히 봐 드리고 깊이 생각해준 적이 없는 자식을 향해 털어놓는 북받치는 외로움에 다름아니리라. 어느 날 문득 깨닫는 외로움. 자식과 남편이 다 내린 뗏목을 혼자 타고서 급류에 휘말려 가는 듯한 막막함. 존재 자체에 대한 허망함을 표현해본 것이리라.

어머니는 화분에 물을 주시다 문득 내가 생각났다고 하셨다. 결혼도 안 하고 혼자 객지에 사는 딸이 가엾어 전화기를 들었는데, 마음하고 다른 말이 튀어나오며 눈물이 솟구쳤다 하셨다. 칠십 평생 자신의 모습과 싸우는 법을 잊고 사시다 불현듯 존재에 대한 참을 수 없는 연민을 느끼신 것이다.

　솔직히 나는 늘 어머니 곁에 있으면서도 어머니의 본질 자체는 모른 척하고, 어머니는 언제나 그 자리에 그냥 계시게 두면 된다고 생각했다. 어머니와 나의 세계는 다르다. 나는 어머니처럼 살지는 않겠다며 은근히 어머니를 무시하고, 어머니는 낡은 세대, 낡은 길이라 치부했다. 얼마나 오만하고 건방진 사고인가.

　어머니는 이 세상을 온전히 누리는 대신 그것을 모성이라는 햇빛 속에 집어넣어 우리가 필요로 할 때마다 비로, 눈으로, 따뜻한 햇살로 풀어놓으셨는데… 우리는 그것을 당연하다는 듯, 당연한 걸로만 알고 누려만 온 것이다. 어머니는 눈물로 그것을 경고하셨다. 나도 너와 똑같은 인간이며, 내 몸속에도 오성과 오감의 기차가 순환하고 있다고.

　피는 꽃의 환희보다 지는 꽃의 처연함에 더 가슴 베이는 봄날. 혼자서 텅 빈 집을 지키시다 갑자기 터져 나온 어머니의 오열이 내내 가슴에 맴돌았다. 처음으로 타인을 위해서가 아니라 순전히 당신 자신을 향해 내지른 절규. ―살고 싶지 않다―는 그 말에 담긴 회한과 남몰래 흘리셨을 숱한 눈물 자국들….

 어머니, 정말 죄송합니다. 그러나 우리가 인정하는 것 이상으로 인생은 아름다운 것인지도 모릅니다. 보세요, 하늘하늘 떨어지면서도 향기를 잃지 않는 라일락, 어머니란 이름처럼 아무도 흉내 낼 수 없는 저 아름다움을! 그러니 오래오래 사세요. 제가 더 잘해 드릴게요. 좋은 친구가 되어 드릴게요. 사랑하는 나의 어머니!

우리는
우리가 늘 그리운 사랑

내 안에는 잘게 잘게 부서진 무수한 내가 모여 살아요. 지상엔 내 소유의 땅 한 평, 방 한 칸 없지만 내 안의 그들에겐 내가 땅이고 나라고 집이에요. 그 때문에 나는 잘살아보려고 무지 노력해요. 내가 잘살아야 그들도 잘살 수 있으니까요. 버지니아 울프도 자신 안에 스무 개가 넘는 자신이 살고 있어 그들이 소설 쓰기를 도와준다고 했잖아요. 나도 그래요. 내가 조금이라도 어긋나거나 잘못된 길을 갈 때면 내 몸 구석구석에서 그들이 안 돼! 안 돼! 아우성을 쳐요. 그럴 때마다 나는 번쩍! 정신이 들어 벌떡! 일어나 내 길을 돌아보게 되어요.

  그들이 시를 쓸 때도 도와주냐고요? 물론이죠. 그들은 잘

게 잘게 부서진 무수한 나니까요. 은밀히 말하면 상처 입은 내가 만든 가엾고 가엾은 분신, 나와 같은 병신들이죠. 그 때문에 우리는 무지무지 서로서로 사랑하며 살아요. 사랑하는 마음이 전부인 그런 병신들이죠. 어느 곳을 눌러도 쏟아지는 건 측은지심, 사랑뿐이죠. 하지만 이 가혹한 황야, 지리멸렬한 세상을 살아내는 데는 아무짝에도 소용이 없는 실수투성이, 부서지고 부서진 사랑들이죠.

    그렇기에 나는 늘 그들과 함께 일해요. 그들이 들려주는 이야기에 귀 기울이며 오늘도 우리는 함께 홍제천을 걷고 안산을 산책해요. 폭우가 쏟아진 뒤라 여기저기 쓸리고 팬 곳이 아픔처럼 상처처럼 마음을 짠하게 하지만 우리는 그 마음을 꾹 참고 씩씩하게 걷고 또 걸어요. 우리는 우리가 늘 그리운 사랑. 그들과 육십 년 넘게 살았으니 내 인생엔 그들 외엔 어떤 시작도 과정도 끝도 없는 셈이죠. 우리는 아주 기분 좋은 바람과 그 바람에 흔들리는 녹색의 끝없는 향연에 눈부셔하며 고마워하며 마냥 걷고 또 걸어요. 내가 걸음을 멈추고 물가의 오리들이나 왜가리와 잠시 대화를 나누면 내 안의 그들도 환하게, 눈을 반짝이며 콧노래를 부르듯 어, 천변에 뽕나무들을 다 없애버려 서운했는데 새 나무들이 솟아나고 있네. 너무 잘되었다. 뽕나무는 아주 잘 자라니 가을이면 제법 큰 나무가 되겠네. 그 옆에 달개비꽃 좀 봐. 정말 예쁘지? 저 여린 보랏빛 좀 봐. 어쩜 저리 새촘, 깜찍하지? 꼭 꼬맹이들 주먹 쥔 손 같아. 불쑥불쑥 내 안에서 튀어나와 나를 심심하지 않게 해주죠. 그러다 산등성이나 언덕 끝에서 멋진 노을과 맞닥뜨리면! 얼마나 황홀하고 아름다운지! 우린 한마음이 되어 그 장관 앞에서 몇 번이나 환호성을 지르죠….

    그렇게 그런 식으로 나는 날마다 내 상처와 아픔을 다독이며 살아요. 못생긴 지나간 일도 잘생긴 지나간 일도 전부 나이고, 나밖에 끝까지 나를 기억하고 간직할 사람이 없으므로. 어떤 역경이 닥쳐와도 그 사랑을 꼭 붙들고 살아야 하고, 그 사랑을 잃고 싶지 않으니까요. 물론 그 길이 순탄치 않으리라는 것도 잘 알아요. 하지만 남은 생은 그들과 함께 잘 어울려 잘 살아나가고 싶어요. 내가 나를 보호하고 보살피듯이.

    메타세쿼이아 숲을 지나려니 그들이 시를 읽어달라고 조르네요. 숲속에서 큰소리로 시를 읽는 건 즐거운 일이니까요. 오늘은 가브리엘라 미스트랄의 시「내 안의 그녀」를 읽어줘야겠어요. 1945년 라틴아메리카 작가 최초로 노벨문학상을 받은 칠레의 여성 시인. 1971년 노벨문학상을 받은 파블로 네루다보다 26년 먼저 받았죠. 운율과 여백이 살아 있는 그녀의 시는 낭송하기가 참 좋아요. 우리나라 김소월 시인의 시처럼요.

"나는 내 안의 그녀를 죽였다/ 그녀를 사랑하지 않았던 거야// 그녀는 타는 듯했지/ 바위산 선인장꽃/ 몸을 식힌 적 없던 그녀/ 그녀는 불이고 불모지였어/…"

젊은 시절엔 나도 내 안의 그녀를 죽이고 또 죽이면서 살았지만, 이제는 그때 내가 죽였던 그녀들을 모두 모아 내 안에서 함께 살고 있어요. 이제는 누구도 죽게 하고 싶지 않아요. 함께 손을 잡고 춤을 추며 살고 싶어요. 우리는 우리가 늘 그리운 사랑. 이미 죽음의 대기실에 들어선 이 나이로 더이상 무엇을 더 후회하고, 무엇을 더 탐하겠어요. 내 마음속의 파도는 아직도 출렁이고, 내 목소리에 리듬을 실어주고, 새로운 단어를 만나면 환호하고, 읽을 때마다 마음 통째로 빼앗는 작가들이 아직도 줄 서 있고, 햇살 비치는 창가에서 김 모락모락 나는 예쁜 찻잔 위로 피어오르는 무지갯빛 향내 속에서 빛의 신비를 다시금 깨닫는 것. 그 외 무엇이 더 필요할까요? 미스트랄의 시구처럼 장미도 알고, 가시도 알고, 그 상처의 깊이도 잘 알면서도 이렇게 내 안의 무수한 나와 사이좋게 잘 지내고 있는데….

# 오월,
# 산책길에서

오월은 장미의 계절이다. 봄꽃들이 지고 난 자리에 장미들이 피어나고 있다. 비 내리고 바람 부는 주말. 나는 우산을 들고 동네 '안산(鞍山)'을 오른다. 안산 입구 폭포 마당에는 부처님 오신 날을 경축하는 행사가 한창이다. 유명 트로트 가수가 출현하는 행사라 우리 동네 할머니 할아버지들은 다 모인 듯 왁자지껄하다. 그래도 주말 오후 시간에 부처님 덕으로 마을 어른들이 행복할 수만 있다면…. 나는 폭포 뒤쪽 안산으로 오른다. 그토록 향기롭던 아카시아꽃들도 거의 다 지고, 녹음을 향해 질주하는 초록빛 나무들이 비바람에 파도 소리를 내며 내 몸을 휘청이게 한다. 꽤 센바람이다. 그런데도 나는 그 바람이 시원하고 유쾌해 '사랑과평화'의 노래 〈장미〉를 흥얼거린다. 비도 바람도 숲도 걷기도 다 내가 좋아하는 것. 비록 우산이 휘어질 정도로 센바람이지만 오늘은 오랫동안 숲속에 있어도 좋을 것 같은 기분이다.

처음 이 동네(홍제동)로 이사 왔을 때 동네 안에 이토록 젊고 싱싱하고 어여쁜 산이 있다는 데 놀랐다. 북촌의 삼청공원과는 게임이 안 될 정도로 깊었다. 안산 자락길을 따라가면 인왕산, 북한산은 물론 멀리 남산도 보이고, 안산 봉수대에 올라서면 확 트인 시야 사이로 한강, 여의도, 관악산 줄기까지 보인다. 게다가 순환형 무장애숲길이라 장애인들도 산림욕을 즐기며 산책하기 정말 편하고 좋은 곳이다.

오늘은 비바람이 부는 날이라 메타세쿼이아 숲까지만 갔다가 내려오면서 동네 입구에 있는 '장미 터널'로 들어선다. 제법 긴 장미 터널엔 갖가지 장미들이 향기와 자태를 뽐내며 피어나고 있다. 장미는 활짝 필 때도 몽우리일 때도 시들어갈 때도 아름다운 꽃이다. 봉오리가 작은 꽃들은 말려도 예쁘고 색도 변하지 않는다. 꽃잎이 주는 촉감도 신비할 정도로 촉촉하다. 양파처럼 속을 알 수 없는 꽃이다. 나는 휴대폰을 꺼내 색색의 장미들을 찍으며 빈센트 반 고흐가 죽기 전, 생 레미 병원에서 그린 〈야생 장미〉를 떠올린다. 분홍 장미를 그렸는데 세월 따라 색이 바래 흰장미처럼 보이는 고흐의 장미. 꽃 그림인데도 고흐의 그림 속에는 언제나 바람이 불고, 삶이 꿈틀거리고, 눈물과 기쁨이 빛 속에서 함께 전율한다. 나는 언제쯤 그런 시를 쓸 수 있을까? 눈물겹게 한심해 고개를 돌리니, 마치 멕시코의 사진작가 티나 모도티의 〈장미〉 속에서 튀어나온 것 같은 흰장미 네 송이가 위로하듯 웃고 있다. 그래, 너희들도 찍어줄게. 티나 모도티의 도발적인 사랑에 내 순수한 열정을 담아.

　　그래도 장미는 뭐니 뭐니 해도 불같이 타오르는 태양에서 솟아난 듯한 '크루엘라 드 빌'이란 장미가 아닐까? 크레이그 질레스피 감독의 영화 〈크루엘라〉에 나오는 도발적이고 고혹적인 장미. 어디에서도 쉽게 만날 수 없는, 세상에서 가장 슬프고, 아름답고, 치명적인 '크루엘라 드 빌'이라는 새빨간 장미 한 송이!

# 2349년으로
# 가다

:

내가 죽고 난 뒤의 미래세계가 너무 궁금해 2349년으로 갔다. 그곳에서 416년 만에 무덤에서 깨어난 시체, 윌리엄 랜트리를 만났다. 그는 1898년에 태어나 1933년에 죽은 남자로, 미국 환상 문학의 대가 레이 브래드버리의 『지구에 마지막 남은 시체』에 나오는 주인공이며 지구에 마지막 남은 무덤 속 주인이다. 그런데 어느 날, 그 무덤마저 소각해버리라는 명령이 내려온다. 그 소식을 들은 랜트리는 화가 머리끝까지 난다. 416년 동안 자신을 깊은 암흑 속에 홀로 가두어 둔 것도 모자라 이제는 아예 불태워 없애버린다고? 분연히 관뚜껑을 열고 일어나 지상으로 걸어 올라온다. 그리곤 결심한다. 사람을 태우는 이 도시의 모든 소각장을 폭파하고, 그 시체들을 모아 내 편, 내 친구들로 만들어 이 세계와 대적하겠노라고.

그러나 죽은 지 416년이 지난 미래세계는 랜트리가 살던 그때의 세계가 아니다. 변해도 너무 변했고 달라져도 너무 달라졌다. 절망하고 분노한 랜트리는 혹 살아생전 자신이 좋아했던 작가들이 자신을 도와주거나 용기를 주지 않을까 하여 도서관을 찾아간다. 하지만 그곳에도 자신이 찾는 책들은 한 권도 없었다. 고전이나 명작 반열에 서 있던 책들은 모조리 다 소각되어 이 지상에서 영원히 사라진 지 오래였다. 416년 만에 무덤에서 깨어났지만 랜트리가 설 자리는 어디에도 없었다. 그럴수록 분노와 외로움의 힘만 더 가중되었다. 어른을 만나도 아이들을 만나도 상상력이라고는 일 그램도 없는 세계. 겉으로 보기엔 너무나 평온하고 풍요롭고 선하게 잘살고 있지만 아무런 갈등도, 고통도, 공포도 못 느끼고, 범죄나 경찰서, 법정이란 단어는 알지도 못하고, 어떤 불면증도, 긴장감도, 기대감도 없는 곳. 과연 그곳을 미래의 낙원이라 할 수 있을까? 셰익스피어, 단테, 소크라테스, 에드거 앨런 포를 비롯한 우리가 좋아하는 작가의 책들은 모두 분서갱유 당한 곳. 과연 그곳을 우리가 원하는 미래사회라고 부를 수 있을까?

랜트리는 결국 정체가 탄로 나 소각장으로 끌려가 소각

로 속으로 사라진다. 그와 함께 2349년 이전의 모든 기억, 그와 함께 살고 함께 존재했던 모든 기억도 영원히 불덩이 속으로 사라진다. 인류의 모든 기억이 불에 타 없어지는 것이다.

　마치 조지 오웰의 『1984』와 헉슬리의 『위대한 신세계』를 합쳐놓은 듯한 이 책을 덮으며 가슴 미어지는 충격과 공포, 으스스한 한기와 함께 차오르는 비통을 느꼈다. 예술과 인문학의 대몰락은 과거, 현재, 미래를 망라해서 누구에게나 가장 큰 재앙이며 큰 비극이다. 그런 의미에서 『지구에 마지막 남은 시체』는 아득한 미래 이야기이면서도 이미 우리가 지나온 과거이며, 지금 우리가 서 있는 현재이기도 하다. 그곳이 어디든 조금이라도 거추장스럽거나 불필요하면 모조리 소각해 없애버리는 곳에선 결코 누구도 살고 싶지 않을 것이다. "책을 태우는 곳에서는 장차 사람도 태우리라"는 하이네의 시구가 어떤 경종도 울리지 않는 곳에서는.

고양이 집사는
아니지만

산책길에서 또 마주친 검은 고양이. 벌써 며칠째다. 아직은 어린 티가 나는 초록색 눈동자의 검은 고양이. 꽤 날렵하고 예쁘다. 안녕, 초록눈! 나도 반가워 손을 흔들자, 내 앞으로 다가와 앞발을 쭉 뻗는다. 몇 번 마주쳤다고 고양이도 나를 아는 걸까? 신기할 정도로 친밀감을 드러내며 발랑 눕기도 하고 내 다리에 제 몸을 비벼대기도 한다. 어린 고양이는 대부분 다가가면 도망치기 일쑨데. 혹 고양이는 집사를 자신이 고른다던데… 나를 집사로 점찍은 것인가? 안 돼! 나는 죽었다가 깨어나도 고양이 집사가 되긴 싫어! 그러니 미안, 미안하지만, 제발 그런 생각만은 하지 말아다오.

약간 매정하게 고양이를 떼어놓고 돌아서면서 문득 미국의 전설적인 시인 찰스 부코스키가 떠올랐다. 그는 길가에 버려진 아홉 마리의 고양이를 거두어 키우며 시집 두 권 분량의 고양이 시를 썼다. 아마도 부코스키만큼 고양이 시를 많이 쓴 작가도 없으리라. 산문은 많이들 썼지만.

그중 우리나라에 번역된 그의 고양이 시집 『고양이에 대하여』(시공사)를 읽으며 마치 고양이를 자신의 친구나 동료처럼 대하며 어찌나 잘 놀아주고, 잘 관찰하고, 많은 위안을 주고받는지, 딱히 고양이에게 큰 관심이 없는 내 눈에도 부코스키와 고양이라는 두 야성, 두 건달이 서로 애정 나누기 대결을 하는 듯 키득키득, 하하하, 흑흑흑, 신나게 눈물 나게 웃지 않을 수가 없었다. 그 모습이 보기 좋아 아주 잠깐, 나도 고양이를 한 번 키워 볼까? 살짝 호기심을 느낀 적은 있지만, 아무래도 누군가를 책임질 자신감이 없어 바로 철회했다. 대신 나는 만나는 고양이마다 이름을 지어주기로 했다.

직접 고양이에게 들은 건 아니지만 고양이들은 자신을 야옹아! 고양아! 라고 부르는 걸 아주 싫어한단다. 하여 T. S 엘리엇의 동시집 『주머니쥐 할아버지가 들려주는 지혜로운 고양이 이야기』(이 동시집은 불멸의 뮤지컬이 된 '캣츠'의 원작품이다)에서처럼 나도 만나는 고양이마다 재미나는 이름을 붙여주기로 했다. 그것도 엘리엇이 말한 것처럼 보통 일은 아니겠지만.

그래도 이름 붙이기만으로도 모두와 친해진다면 그건 즐겁고 재미있는 일. 하루는 꽃 이름, 하루는 작가들 이름, 하루는 예쁜 단어들로 번갈아 불러주면 되는 일. 부르는 내 목소리에 가던 길을 멈추고 그들이 뒤돌아보거나 빤히 쳐다볼 때의 그 순간의 전율! 빨아들이듯이 빨려들 것 같이 강렬한 그 눈빛들! 약간 두려우면서도 매혹적인 그 순간이 너무 좋아 나도 모르게 언젠가 읽은 작자 미상의 시를 자꾸만 떠올리게 돼.

"고양이가 눈을 뜨네./ 태양이 들어갔네./ 고양이가 눈을 감네./ 태양이 머물러 있네.// 밤에/ 고양이가 잠에서 깨어나면/ 난 어둠 속에서 두 개의 태양을 보네"라는.

# 51년 만에
# 돌아온 책

누군가가 51년 전에 도서관에서 빌려 간 책을 반납하러 왔다면 당신은 어떻게 하겠는가? 그것도 이미 장서 목록에서 사라진 책을? 아마 대부분은 받았다가 폐기하거나 그냥 가지라고 할 것이다. 그러나 그 책이 1899년에 출간된 '오브리 비어즐리의 초기 작품'이라면? 아마 너무 놀라서 연체료는 물론 사유도 묻지 않고 고맙습니다, 고맙습니다, 할 것이다.

소설이나 영화 속 이야기가 아니다. 2024년 미국에서 실제로 일어난 일이다. 이 기사를 접한 나도 깜짝 놀랐으니까. 짐작건대 1973년 누군가가 도서관에서 이 책을 대출해갔다가 비어즐리의 그림이 너무 좋아 반납하지 않았거나 혹은 불의의 사고를 당해 반납하지 못했을 수도 있다.

그러다 51년이 지난 후 눈 밝은 다른 누군가가 책 정리(유품일 수도 있는)를 하다가 그 책의 중요성을 깨닫고, 고심 끝에 도서관에 돌려주어야겠다고 결심, 51년간 행방불명되었던, 장서 목록에서도 삭제된 이 책을 도서관에 다시 반납하러 온 것이다. 도서관 측에선 얼마나 고맙고, 기적 같았겠는가. 이제는 어디에서도 구할 수 없는 비어즐리의 초판본이니까.

그만큼 이 책의 저자 오브리 비어즐리(1872-1898)는 영국 빅토리아 시대가 낳은 뛰어난 예술가로 "내가 그로테스크하지 않다면, 나는 아무것도 아니다"라는 일념으로 흰색 배경에 검은 잉크를 사용, 흑백의 강렬한 대비로 에로틱하고 퇴폐적인 기괴한 일본풍의 삽화를 그린 화가다.

그중 가장 유명한 삽화로 팜므파탈의 극치를 보여준다는 오스카 와일드의 『살로메』 영어판 삽화와 강렬한 에로티시즘의 결정판이라 불리는 아리스토파네스의 희극 『라시스트라타』의 삽화가 있다.

51년 만에 공공도서관으로 돌아온 이 책 역시 그의 전기와 함께 그의 걸작 150점이 담겨 있는 소중한 책이다. 단순하고 평면적인 기법으로 그 어떤 색깔의 그림보다도 장식적이고 화려한 느낌을 자아내는 비어즐리의 작품 150점을 한눈에 볼 수 있는 이 책이 다시 공공도서관에 배치된다는 것은 비어즐리 애호가뿐 아니라 현대 그래픽 아트에 관심이 있는 모든 이들에게 큰 선물이 되고도 남을 것이다.

비록 그는 이 책이 출판되기 1년 전인 1898년, 25세라는 아까운 나이에 결핵으로 요절했지만. 죽기 전 그가 작업한 1,000점이 넘는 작품만으로도 그는 아르누보, 유미주의, 에로티시즘, 포스터 양식은 물론 오늘날의 그래픽 노블 장르에도 중대한 영향을 끼친, 순간을 불꽃처럼 살다간 탐미적 댄디였다.

25세 꽃다운 나이에 죽은 세기말 천재 작가의 책. 그런 소중한 책이 매우 양호한 상태로 51년 만에 다시 공공도서관으로 돌아왔다니 얼마나 기적 같은 일인가. 분명 그 누군가는 비어즐리를 그 책만큼 사랑한 사람일 것이다.

# 고마워요,
# 알베르토 망구엘 씨!

"모든 문학 속 인물이 모든 독자의 동반자로 선택되는 것은 아니다. 우리가 가장 사랑하는 인물들만이 오랜 세월 우리와 동행한다."

— 알베르토 망구엘, 『끝내주는 괴물들』의 「저자 서문」에서.

나는 알베르토 망구엘 씨를 좋아한다. 우리나라에서 번역된 그의 책은 거의 다 찾아 읽을 정도로 내 독서 안내 역할을 톡톡히 해준 작가다. 그는 작가이자 번역가, 편집자, 비평가이기도 하다.

　1948년 아르헨티나 부에노스아이레스에서 태어나 외교관인 아버지 덕분에 영어와 독일어를 사용하며 자랐고, 일곱 살에 아르헨티나로 돌아와 비로소 모국어인 스페인어에 익숙해졌다. 열여섯 살에 부에노스아이레스의 피그말리온 서점(서점 이름도 절묘하지 않은가. 피그말리온이라니!)에서 점원으로 일하던 중 호르헤 루이스 보르헤스를 만나, 시력을 잃어가던 보르헤스의 부탁으로 4년 동안 보르헤스에게 책을 읽어주면서 인생에 중요한 전환점을 맞는다(이 이야기는 그의 책『보르헤스에게 가는 길』에 상세히 나와 있다).

    1968년에 그는 아르헨티나를 떠나 유럽으로 건너가, 프랑스, 영국, 이탈리아, 타히티섬, 스페인 등을 오가면서 작품 활동을 하다가, 1985년 캐나다 시민권을 얻는다.

    2015년 말, 보르헤스에게서 보르헤스가 역임했던 아르헨티나 국립도서관장직을 제안받아 약 40년 만에 고국으로 돌아온다.

    그의 책『독서의 역사』,『낯선 나라에서 온 소식』,『인간이 상상한 거의 모든 곳에 관한 백과사전』,『밤의 도서관』,『보르헤스에게 가는 길』,『은유가 된 독자』,『독서일기』,『서재를 떠나며』 등을 읽고, 지금은 그가 쓰고 그림까지 그린『끝내주는 괴물들』(2019)을 읽고 있다. 그가 말하는 이 괴물들은 문학 작품 속에 나오는 허구의 인물들이다. 한마디로 말하면 작가들의 상상 속 친구들인 셈이다. 실제 살아 있는 사람들보다 더 생생히 가슴 속에 남아 있는 잊지 못하는 책 속 캐릭터들인 셈이다.

    총 서른일곱 편의 괴물이 짧은 에세이 속에 살아 숨 쉬는 『끝내주는 괴물들』. 정말 재미있고 흥미진진하다. 그의 책을 읽을 때마다 느끼는 점이지만, 어쩜 이리도 많은 책을 읽었지? 매번 놀란다. 그는 정말 내 독서 생활에 가이드 역할을 톡톡히 해준 작가 중 한 명이다. 보르헤스, 해럴드 블룸, 움베르토 에코보다 더 많은 책을 내게 소개해 주었고, 읽게 만들어 주었으며, 나를 어제보다 조금 더 유식, 조금 더 박식, 조금 더 지혜롭게 해준 독서 스승이다. 이렇듯 세계에서 가장 유명한 독서가, 현존하는 최고의 독서가, 알베르토 망구엘 씨가 추억하는 신화와 전설, 문학 작품 속에서 살아 숨 쉬는 상상의 친구들. 그 서른일곱 명의 괴물들을 이 책을 통해 만나보시라. 모두를 다 좋아할 필요는 없지만 한두 명은 꼭 사랑하게 되리라.

개인적으론 다른 캐릭터엔 다소 익숙하고, 아, 맞아, 맞아! 고개를 끄덕이게 했지만, 구약 성경에 나오는 [요나서]를 새롭게 해석하여 그를 '예술가 요나'로 탈바꿈시킨 부분이 정말 새롭고 흥미진진했다. 요나를 무척 귀엽고 정체성 강한 용감한 예술가의 초상으로 표현했다고나 할까.

아무튼, 내가 읽은 그의 모든 책은 내가 서울의 한 조그만 방에 살면서도 상상을 통해 독서를 통해 지구 구석구석을 여행하며, 세상을 더 잘 보고 더 잘 이해할 수 있게 도와준 고마운 친구들이다. 정말, 고마워요, 알베르토 망구엘 씨!

## 애타게 데이지꽃을
바라보며

사랑하기 좋은 날들이 다가오고 있다. 여기저기에서 신쿵싱쿵 봄 내음이 밀려오고 꽃들이 피어나고 있다. 이미 돋아난 새싹들은 싱그럽고 부드러운 잎을 환하게 펼칠 기회를 엿보고, 봄새들은 아름다운 목소리로 온 대기를 울릴 만반의 준비를 끝내고 있다. 나도 한때 그런 봄바람에 정통으로 얻어맞아 깊은 사랑에 빠진 적이 있었다. 나 아닌 다른 사람이 낮과 밤 상관없이 나에게 관심을 기울이고, 엿보고, 애달파하고, 탐한다는 게 아주 기쁘고 만족스럽던 때가 있었다. 그 주체할 수 없는 사랑에 빠져 희로애락의 전사가 되어 격렬한 전쟁을 치른 적이 있었다. 지나고 보니 그 모든 게 한 편의 미스터리 같고 바보 같아 길을 가다가도 하하하! 웃음이 나지만, 그땐 왜 그렇게 그 사랑이 전부인 듯, 그 사랑이 없으면 곧 죽을 것처럼 애태우며 매달리고 또 매달렸는지. 그렇다고 그 사랑을 결코 후회하는 건 아니다. 오히려 이 지리멸렬한 세상에서 그래도 진짜 사랑이란 걸 해봤으니 참 다행이라고 생각한다.

    나도 인간인지라, 그것도 피 뜨겁고 열정적인 인간인지라 한두 번쯤 깊은 연애에 빠진 적이 있다. 성격과 체질상 플라토닉 러브나 짝사랑 같은 건 내 취향이 아니라서 일단 사랑이 찾아오면 막무가내로 돌진하는 편이다. 그리고 그 사랑을 언제 어디서나 꺼내 맛볼 수 있도록 늘 호주머니에 넣고 다니는 편이다. 아주 순수하고 단순하게 앞뒤 재지 않고 그대로 올인하는 편이다. 내가 절대 타협하지 않는 부분이 있다면 삶과 사랑에 있어 머뭇거리지 않는, 그런 부분들이다.

    사랑한다면 파투가 날지라도 끝까지 가는 편이고, 삶도 그렇다. 비록 내일 먹을 양식이 없어도 나 혼자 잘살자고 누군가의 밥을 뺏거나 훔치거나 구걸하지는 않는다. 순수한 자에게는 모든 것이 순수하고, 단순한 자에게는 모든 것이 단순하다. 그리고 꼭 신은 그런 이들을 도와준다. 눈 딱 감고 하루만 잘 굶고 있으면 꼭 그다음 날엔 며칠 먹을 양식이 자연스레 내게로 떨어졌다. 마치 하늘에서 뚝 떨어진 것처럼. 내가 남 탓하지 않고 늘 감사하며 사는 건 그 때문이다.

나 자신도 나를 이해하지 못할 정도로 삶과 사랑에 관한 한 무모할 정도로 용감한 편이다. 그 용감성은 "하늘 아래 새로운 것은 없다"라는 그 멋지고 허망한 성경 구절 때문이다. 하지만 사랑은 달랐다. 사랑은 그게 어떤 사랑이든 늘 새롭게 다가왔다. 매번 같은 시행착오를 겪게 만들고, 늘 똑같은 수순으로 진행되고 끝날지라도 일단 사랑이 시작될 때 언제나 새로웠다. 내가 몰라보게 밝아지고, 활기차고, 주변이 자연스레 빛을 내며 환해졌다. 그 때문에 그게 함정이란 걸 알면서도 무모하게 빠져들게 된다. 그리고 무엇보다도 이 광활한 우주에 '그와 나'라는 단 두 사람만의 왕국이 생겨난다는 게 참으로 놀랍고 신기했다.

한 번도 사랑에 빠진 적이 없는 사람은 이런 묘미를 모를 것이다. 물론 영원할 것 같은 사랑도 시간이 지나면서 고통과 슬픔의 샐러드로 변하고, 의심이 생겨나고, 간격이 느슨해지고, 환하던 공기에 검은 그늘이 끼기 시작하고, 하늘 아래 새로운 게 없듯이 하늘 아래 새로운 사랑도 없다며 내 뒤통수를 탁! 치고 지나갈 거라는 걸 모르는 건 아니다.

그래도, 그럼에도 나는 사랑을 믿는다. 사랑만큼 매일매일 감탄사의 연발총을 쏘게 만들고, 은밀한 미스터리를 맛보게 하고, 광기 넘치는 허영심에 우아한 옷을 입혀주고, 눈물나게 자신을 속속들이 파헤치게 하는 것도 없다. 하여 단언컨대 사랑은 안 하는 것보다는 하는 게 더 남는 장사이고, 유일하게 몸과 마음을 함께 울고, 웃게 만드는 최고로 완전한 도취이다.

하지만 이젠 그런 멋진 사랑의 시절도 끝나고, 피 뜨겁고 몸 뜨거운 시절도 다 지나가고…. 지금은 사랑의 휴식기를 즐기며 내가 무지무지 사랑하는 곰 인형 투투와 고양이 인형 루루를 안고, 창틀에 놓인 화분에서 막 봉오리를 터뜨리려 조바심 내는 데이지꽃을 애타게 바라보고 있다. 빨리빨리 그 작고 경이로운 꽃망울을 활짝 터뜨려, 한 계절 너와 사랑에 빠질 수 있게 해달라고!

김상미의 감성엽서

# 여름

나는 바다가 보이는 곳에서 태어나 바다를 보며 자랐다. 그 때문에 바다는 내게 아주 특별한 장소, 고향 같은 곳이다. 지금은 사계절 바다를 똑같이 좋아하지만 40대 이전까지는 여름 바다를 참 좋아했다.

여름 바다는 재즈 같았다. 활기차고 생생하고 즉흥적이고 변화무쌍했다. 끊임없이 새로운 일이 생겨나고, 유동적이면서도 뜨거웠다. 끝없는 열망을 품은 자유, 관능, 젊음이 넘쳐났다. 마치 축제장 같았다. 낮에는 염분이 가득한 공기와 싱그러운 물의 외침, 뜨거운 햇빛이 직각으로 내리쬐고, 밤에는 어둠에 묻힌 파도 소리와 은은한 달빛이 해변과 사람들을 밀착시키며 은밀하고 과장된 낭만으로 물들였다.

나는 여름 해변의 그 공개적이고 단순하고 끈적끈적한 난폭성과 활력이 좋았다. 구경하는 것만으로도 한 권의 여름 바다 화집이 펼쳐지는 듯했다.

이 글은 그 여름 바다 화집 속 한 페이지, 몸과 마음이 함께 백열하며 심장을 찌르던 "수백 수천의 사랑이 뒹굴던/ 뜨거운 해변" 그 격정의 여름 바다에 바치는 회상의 로큰롤이다.

# 여름비

⋮

또다시 여름이 왔다. 내가 가장 좋아하는 계절. 여름은 누구도 흉내 낼 수 없는 나른한 권태와 격렬함을 동시에 가진 계절이다. 게다가 비를 몰고 다닌다. 여름비. 삽시간에 온 마을을 휩쓸기도 하고, 느닷없이 내려왔다가 아름다운 무지개를 선물처럼 이 지상에 선보이기도 하는 여름비.

    나는 그런 여름을 즐기고, 그런 여름비를 좋아한다. 여름만이 가진 격렬함을 사랑한다. 마른 하늘에 천둥 번개가 치고 곧이어 쏟아지는 소낙비, 그 굵고 두터운 빗방울 소리는 베토벤의 운명처럼 내 가슴을 치고 지나간다. 그러면 마르그리트 뒤라스의 『여름비』의 책장이 펼쳐지고, 그 속에서 잊을 수 없는 두 아이가 달려 나온다. 에르네스토와 잔. 나는 그들을 생각할 때마다 책 안으로 들어가 그 아이들을 빼앗아 오고 싶어진다. 언젠가 생텍쥐페리의 『어린 왕자』를 읽고서는 그를 만나러 책 속으로 들어가고 싶었듯이.

작열하는 뙤약볕 아래 오래 서 있어 본 사람들은 안다. 태양과 바람을 삼킨 여름비의 격렬함을. 일주일 내내 내리는 장맛비의 그 지리멸렬함을. 오로지 여름만이 만들어 낼 수 있는 그 터질 것 같은 나른한 공기와 권태감.

여름은 인간을 가장 많이 닮은 계절이다. 인간 중에서도 아이들을 가장 많이 닮았다. 그것도 변두리에 사는 너무나 가난한 아이들. 알고자 하는 그 욕망만으로 배우지 않고도 모든 걸 직감적으로 깨닫는 아이들. '불탄 책'을 읽는 아이들. 솔로몬 왕의 전도서. 그 부분만이 유일하게 남은 '불탄 책'. 글자도 모르면서 영혼으로, 아니 본능적으로 책을 읽어내는 에르네스토와 잔과 같은 아이들. 이 지상에 여름비를 내리게 하는 아이들.

여름비를 온몸으로 맞아본 사람들은 안다. 사계절 중 유일하게 여름비만이 인간의 침묵 속으로 떨어져 흘러내린다는 걸. 그래서 태풍이 지나간 자리는 심연과도 같이 모든 규범이 해체된, 벌거숭이, 허허벌판이 된다는 걸. 그래서 여름만 잘 넘기면 일 년 내내 무병할 것이라 하고, "지난 여름은 참으로 위대했습니다"라는 릴케의 시구가 저절로 입에서 입으로 번져 나간다는 걸.

나는 그런 여름비를 사랑한다. 갑자기 쏟아져 내 마음을 적시고 지붕을 두드리고 시내를 넘치게 하고 고속도로 위의 나무들을 울리고 강을 지나 바다로, 마치 오열하는 파도처럼 격정적으로 흘러가는 여름비. 레비-스트로스의 야생의 사고 같은, 숨이 멎을 듯해 몇 번이고 숨을 가다듬으며 읽어야 하는 뒤라스의 소설책 같은, 여름비. 그 비를 사랑한다.

# 영원의
# 그 바다!

나는 바다에 얽힌 전설이나 모험이라면 무조건 좋아한다. 어린 시절을 부산 영도 동삼동과 수정동 언덕에서 살아 날마다 바다를 보며 자랐다. 수정동 언덕배기에 살 땐 창을 열면 멀리 부산항이 그대로 바라다보였다. 수평선 위에선 조그만 점처럼 보이던 배가 점점 항구로 다가와 큰 배로 변하는 것과 크고 작은 배들이 점점 하나의 점으로 변해 수평선 너머로 사라지는 것을 바라보며 언젠가는 나도 저 배들처럼 멀리, 아주 먼 바다로 떠날 거야, 하는 상상을 하며 자랐다. 그 때문인지 누군가 내게 꿈이 뭐냐고 물으면 '바다'라고 대답했다.

그 꿈은 지금도 변하지 않아 여전히 바다를 그리워하며

산다. 때로는 폭풍우 치는 바다가 못 견디게 그리워 바람 부는 언덕에 하염없이 서서 파도 소리를 닮은 바람 소리를 오래오래 듣기도 한다. 이상하게도 나는 어릴 때부터 폭풍우 치는 바다를 무서워하지 않았다. 오히려 잔잔한 바다보다는 무섭게 파도치는 바다가 더 좋았다. 왠지 잔잔한 파도 소리보다는 세찬 파도 소리에서 더 짜릿한 두려움과 속이 뻥 뚫리는 듯한 쾌감을 느꼈다. 바다 앞에 서면 그 거대한 물이 주는 압도감에 현기증을 느끼면서도 또한 그 매혹적인 압도감에 자신을 통째로 던지고 싶을 만큼 바다는 내게 공포를 알게 해준 최초의 존재이면서도 신기루 같은 황홀을 선물한 최초의 존재이기도 하다.

나는 몇 번 바다에 빠져 죽을 뻔한 적이 있었다. 그때 내가 느꼈던 파도의 힘은 거대한 문어발 같았다. 파도에서 수십 갈래로 뻗어 나온 다리가 마치 강렬한 빨판이 되어 나를 옴짝달싹 못하게 옥죄며 빨아들이는 듯했다. 그때 느낀 공포는 말로 표현할 수 없이 캄캄하고 아득한, 어떤 짐승의 입 같았다. 아, 파도에 휩쓸리면 뼈도 못 추린다는 말이 허풍만은 아니었구나, 절로 온몸에 소름이 돋았다.

그런데도 나는 매일 다시 바다로 나가, 햇빛에 반짝이는 바다가 보여주는 물결 프리즘을 넋 나간 듯 감상하며 남모를 희열을 느꼈다. 그러다 썰물 때엔 바다 생물들을 한 바구니 가득 담아 집으로 돌아왔다.

나는 지금도 바다 살갗에서 나는 생선 냄새나 해초 냄새를 맡으면 아드레날린이 솟구치는 흥분을 느낀다. 수영도 제대로 못하면서 늘 바닷물에 발을 담그고 있는 나를 보고 사람들은 짓궂게 웃었지만, 나는 바닷물에 발을 담그고 있으면 왠지 마음이 참 편해지고 느긋해졌다. 마치 바다와 함께 있는 것처럼. 어쩌면 다른 사람들처럼 자유롭게 바다를 헤엄치지 못하고 오로지 마음으로만 바다를 사랑한다고 말하는 내 미안한 자격지심 때문인지도 모른다. 그럴 때마다 쥘 베른의 『해저 2만리』 속 네모 선장('네모'는 라틴어로 '아무도 아닌 자'라는 뜻이란다)을 생각했다. 얼마나 멋진가. 아무도 아닌 자가 되어 최신식 잠수함 노틸러스호를 타고 오대양 바닷속을 유유히 돌아다니는 네모 선장의 이야기.

그 안에 모든 걸 다 갖춰놓고 바다와 함께 먹고, 자고, 일어나는 생활. 그러면서 온갖 해양동물들을 관찰하고, 미지의 영역을 탐사하고, 위험한 방해물을 만나면 싸우기도 하고, 숨기도 하는, 그야말로 기적 같은 생활. 그 신기한 해저 대서사

시 같은 동화를 읽으며 나도 그 여행에 동참하고 싶어 얼마나 많이 애를 태웠던가. 비록 꿈 같은 동화, 동화 속의 꿈에 불과한 이야기지만 그 삶이 너무나 부러워 얼마나 자주 나는 하느님께 기도했던가. 하느님, 제발 꿈속에서라도 좋으니 네모 선장이 나를 납치해 노틸러스호 잠수함에 태우는 기적을 베풀어주소서! 제발 저도 네모 선장처럼 오대양 바닷속을 고래처럼 헤엄쳐 다니게 해주소서! 라고.

그러다 청소년이 되면서 네모 선장은 잠시 잊고, 바다와 인간의 사투에 초점을 맞춘 책들을 읽기 시작했다. 허먼 멜빌의『백경』과 조셉 콘래드의 해양소설, 호머의『오디세이』와 빅토르 위고의『바다의 일꾼들』, 에드거 앨런 포의 몇몇 소설들과 황금 양털을 찾아 콜키스로 떠나는, 그리스의 영웅 이아손과 아르고스 원정대 이야기, 조나단 스위프트의『걸리버 여행기』등등. 그 속에는 진짜 바다 사나이들의 세계와 바닷속 생물들, 그리고 인간의 힘을 능가하는 해류들의 힘, 리바이어던을 비롯한 온갖 바다 괴물들, 포경선과 해적선, 바다 밑으로 가라앉는 배와 난파 직전 구제되는 뱃사람들의 이야기와 해양생물들의 재미있는 짝짓기와 흥미진진한 특징들….

그야말로 신화와 전설과 현실이 한데 뒤섞여 바다와 인

간이 내지를 수 있는 빛과 어둠의 극한을 거의 다 보여주었다. 마치 바다가 쓰고, 바다가 지우고, 바다가 다시 쓰는 해저 오디세이아처럼 점점 불어나고 점점 격해지는 인간과 바다의 사랑! 그 안으로 빨려들며 펼쳐지는 랭보의 「취한 배」와 로렌스의 「죽음의 배」, 그 뒤로 하이네의 「바다의 망령」과 니체의 「새로운 바다로」가 차례차례로 이어지는 시 행렬 사이로 놀라운 인간들의 침입이 시작되고….

그러다 나는 어른이 되었고, 바다를 보려면 시외로 나가야 하는 서울에 살게 되었다. 바다가 그리울 때마다 듣기 위해 부산 해운대와 태종대의 파도 소리와 자갈치 갈매기들의 거친 울음소리를 녹음해 저장해 두었지만, 그 소리만으로 어찌 바다에 대한 그리움을 달랠 수 있겠는가. 그때 만난 쥘 미슐레의 『바다』는 모험과 경이와 욕망으로 점철된 사투의 바다를 상호공존하는 친화와 공생의 바다로 만들어주었다. 바다와 인류가 함께하는 행복한 바다. 그런 바다를 보존하기 위해 인간이 무엇을 지켜야 하고, 무엇을 하지 않아야 하는가를 예고해 주었다. 역사가답게 프랑스 역사를 바탕에 깐 책임에도 불구하고 1861년에 쓰여진 『바다』는 지금도 '바다'에 관한 책으로는 최고의 책으로 불린다. 미래의 인간들을 향해 바다를 사랑하고 즐기려면 생태학적으로, 인문학적으로, 환경친

화적으로, 문학적으로 차분하게 바다를 사랑하고 바다 생물을 지켜나가야 한다고 경고한다. 바다뿐만 아니라 이 아름다운 지구 전체를 위해선 마르지 않는 사랑으로 환경운동과 녹색사상을 펼쳐 나가야 한다고 말한다. 그의 말이 아니더라도 우리는 이미 알고 있다. 끊임없는 해양 환경연구와 탐사의 중요성과 필요성을.

   누구라도 한번 천천히 둘러보라. 그리고 자세히 보라. 130여 년 전에 경고한 자연이, 바다가 지금 어떤 상태인지를. 대부분의 생물이 인간에게 학살당하고, 죽임당하고, 극한으로 내몰리며 멸종되어 가고 있지 않은가. 아름다운 심해의 밑바닥까지 오염된 인간들의 쓰레기가, 미세플라스틱이 날아다니고, 인간들이 자행한 무자비한 포획으로 그토록 진기하고, 소박하고, 사납고, 용감하고, 귀엽고, 사랑스럽던 바다 생물들이 점점점 사라지고 있다는 것을. 욕심 많고 이기적인 인간들에 의해 바다라는 아름답고 환상적인 시집이 한 장 한 장 아프게 뜯겨나가고 찢겨나가고 있다는 것을.

   그럼에도 바다는 갖가지 좋고 나쁜 놀라움의 연속으로 우리를 도취시키고, 나는 오늘도 그리운 그 바다로 나간다. 어릴 때의 그 바다, 그 풍경 속으로. 김소월의 「바다」와 함께.

뛰노는 흰 물결이 일고 또 잦는
붉은 풀이 자라는 바다는 어디

고기잡이꾼들이 배 위에 앉아
사랑 노래 부르는 바다는 어디

파랗게 좋이 물든 남빛 하늘에
저녁놀 스러지는 바다는 어디

곳 없이 떠다니는 늙은 물새가
떼를 지어 좇니는 바다는 어디

건너서서 저편은 딴 나라이라
가고 싶은 그리운 바다는 어디

— 김소월,「바다」전문

    그러나 소월이 노래한 바다는 이제 없다. 그리움 속으로 사라졌다. 소박하고 아름답고 조용한 바다. 그런 바다는 이제 없다. 대부분이 관광지나 휴양지로 변했다. 설사 남아 있다 해도 병색이 짙거나 크게 앓고 있다. 여기저기에서 앓는 소리를 내고 있다. 그 앓는 소리를 들으면 가슴이 미어지고, 가슴이 철렁 내려앉는다.

바다에 얽힌 전설이나 모험이라면 환장을 하던 나도 이제는 항해할 때 네모 선장이나 길가메시, 이아손과 오디세우스와 함께하지 않는다. 마음속 깊이깊이 잠든 바다의 전설이나 진기한 이야기를 굳이 끄집어내지 않는다.

대신 나는 해양환경운동가들의 배에 올라탄다. 맨 처음 뛰어오른 배가 자크이브 쿠스토 선장이 이끄는 칼립소호이다. 프랑스의 해군 장교였던 쿠스토 선장은 내가 태어나기도 전에 바다에 있는 모든 생물을 연구한 해양연구가이며, 스쿠버다이빙의 창시자이며 아쿠아렁(잠수용의 수중호흡기)의 개발자이며 대중에게 해양환경의 중요성을 인식시킨 해양탐험가이다. 1950년에 해양탐사선 칼립소호를 구입, 46년간 해양탐사에 심혈을 기울인 20세기 최고 해저 탐험가이다. 나는 그 칼립소호에 탑승한 해양탐험가들이 쓴 해양기록을 찾아 읽으며 경이로운 해양생태계의 모습과 바다 환경 보전에 대한 소중함을 배우고 익힌다.

가끔은 바다 청소선인 시세퍼드(국제 해양환경단체) 샘 사이

먼호에 탑승한 김한민이 들려주는 이야기에 귀를 기울인다. "우리의 임무는 이곳 바다의 쓰레기를 치우는 일입니다. 그것도 가장 무자비한 쓰레기인 그물을. 새것이든, 헌것(이른바 '유령그물')이든 이 그물 때문에 바키타돌고래(스페인어로 작은 소를 뜻하는 작고 통통한 돌고래: 채 30마리도 남지 않은 멸종위기 종의 위기종)를 비롯해 고래, 돌고래, 바다사자, 가오리 등 온갖 바다 생물이 무차별하게 죽어나가고 있습니다."

내가 사랑했던 바다, 네모 선장과 함께 고래처럼 춤추며 유영하고 싶었던 바다. 김소월이 고기잡이꾼 배 위에서 사랑을 노래하던 그 바다. 대구 떼아 청어 떼가 산란의 춤을 한끈하게 추던 바다. 온갖 물고기들이 물보라 속에서 나눠주는 이야기를 덮어놓고 믿는 앨버트로스의 멋진 날갯짓과 하늘로 날아오르는 것들은 모조리 기억해두고 싶은 벨루가고래가 자유롭게 숨 쉬는 바다. 그 바다를 되찾아야 한다.

내 꿈이고, 내 자유였던 바다 생물들이 우리 인간에 의해 멸종되어 가거나 다치는 게 이젠 정말 싫다. 바다는 내게 행복을 주고, 그 푸른 빛으로 내 눈을 밝게 해주고, 바다나라에 사는 민족들은 내게 무한한 즐거움과 상상력, 급 높은 공포미와 황홀감을 주었다. 나를 품고, 내게 사는 법을 가르쳐주었다. 더 이상 인간들이 해양환경을 망치지 않았으면 좋겠다. 무자비한 포획과 남획으로 생태계가 파괴되어 텅 빈 바다가 될까 너무 두렵다. 바다가 살아야 나도 살고, 우리 모두가 산다. 비록 바다가 없는 도시에 살고 있지만 내 마음엔 언제나 바다가 출렁이고, 파도가 치고, 돌고래들이 춤을 추고, 갈매기들이 날아오른다. 어느 날의 랭보처럼 나도 다시 그 바다를 되찾고 싶다. 영원의 그 바다!

그걸 다시 찾았네.
무엇을? - 영원을.
그건 태양과 섞인
바다.

깨어 있는 영혼아,
그토록 허무한 밤과
불타는 낮에 대해
고백을 속삭이자.

사람들의 동의,
모두의 충동,
거기서 너는 벗어나

어디론가 날아간다.

오로지 그대 자신
새틴의 불꽃에서
의무가 나오기에,
모두가 그러려니.

이젠 희망도 없고,
아무 영광도 없는데
지혜와 인내,
고봉은 확실하나.

그걸 다시 찾았네.
무엇을?-영원을.
그건 태양과 함께 가는
바다.

— 아르튀르 랭보, 「영원」 전문

부조리극의
성스러움

모리스 라벨의 〈볼레로〉를 듣는다. 4분의 3박자로 계속 반복되는 리듬이 차츰차츰 내 내면으로 차오르며 형태도 없고 방향도 없는 무거운 불안 덩이를 잘게 잘게 부수며 서서히 나를 춤추게 만든다. 라벨의 〈볼레로〉는 글이 잘 안 되거나 못 견디게 마음이 울적해지면 저절로 손이 가는 곡이다. 16분짜리 이 곡을 연달아 두세 번쯤 들으면 묘하게도 마음이 깨끗해지고 개운해진다. 그런 의미에서 이 곡은 내겐 둘도 없는 절친이다. 오늘도 이 곡을 들으며 악몽(?)이 될 뻔한 하루를 리듬에 태워 아주 멀리로 보내버리곤 거의 30여 년 만에 외젠 이오네스코의 희곡집을 집어든다.

본격적 서울 생활을 시작한 30대 초반, 나는 연극광처럼 참 많은 연극을 보러 다녔다. 연극 관계 일을 하는 몇몇 사람이 내 곁에 있어 초대권이 자주 생기는 덕분에 이오네스코의 연극은 물론 페터 한트케의 〈관객모독〉, 사무엘 베케트의 〈고도를 기다리며〉, 이윤택의 〈오구-죽음의 형식〉이나 〈시민K〉, 〈비닐하우스〉 등등을 찬탄하며 보았다. 일명 부조리극으로 통하는 연극들이다. 부조리극 혹은 반연극, 전위극이라 불리는 이 장르는 1950~1960년대에 걸쳐 유럽에서 유행한 것으로 전통적인 연극 형식을 파괴하거나 등장인물 간 대화의 무의미함을 드러냄으로써 모든 소통이 무너질 때 일어나는 비합리적이고 비논리적인 인간 실존 상황을 보여주는 극이다. 그중 가장 큰 특징은 줄거리라 할 만한 줄거리가 없다는 것이다. 부조리극의 대표적인 작가로는 이오네스코, 사무엘 베케트, 아르튀르 아다모트 등이 있다.

　〈대머리 여가수〉 역시 줄거리 없는 연극으로 배우들이 끊임없이 나누는 어떤 맥락도 의미도 없는 대화를 통해 현대인의 허위의식과 소통 불능을 적나라하게 보여준다. 백 년 전의 작품이지만 1957년 프랑스 위셰트 극장에서 〈수업〉과 함께 재공연되면서 지금까지 하루도 빠짐없이 한 극장에서 무려 68년째 계속 공연되고 있다고 한다. 참으로 놀랍고 부럽다!

 아무튼 내가 태어나기도 전에 이 연극이 무대에 올랐다는 게 믿기지 않을 정도로 이제는 고전이 되어버렸음에도 이오네스코의 연극에는 시대를 초월하는 전위적 성스러움이 있다. 사람(배우)이 아닌 말(대사)이 연극의 대상이 되고, 그 말 자체가 하나의 등장인물이 될 수 있다는 데에 지금도 신선한 충격을 받고 있으니까.

 그리고 이들 연극이 다른 연극들보다 더 좋은 건 보고 난 뒤에도 사유(질문)의 시곗바늘을 계속 돌려야 하고 그 답을 찾는 동안 이오네스코적이며 베케트적인 행복한 콤플렉스에 빠져 허우적대야 한다는 것이다. 어쨌든 올해는 이오네스코의 연극이 무대에 오르면 만사 제쳐놓고 보러 가야겠다. 참 오랜만에 이오네스코의 연극이 다시 보고 싶어지는 저녁. 그의 반어적 대사 속에서 번뜩이는 비수. 그 언어의 비수에 찔려 오랜만에 피 철철 흘리며, 그 피로 멋지게 시 한 편 쓰고 싶어지는 저녁. 볼레로와 이오네스코와 사무엘 베케트와의 붉디붉은 애무의 즐거운 시간들!

# 집

니는 아직도 내 집이 없다. 집이 없는 다른 많은 이들처럼 집주인이 따로 있는 집에 산다. 돈을 내고 전세로 빌린 집. 그래서 자주 이사를 해야 했다. 운이 좋을 땐 나무가 많은 집에서 살기도 하고 운이 나쁠 땐 나무 한 그루 없는 삭막한 곳에서 나무들이 만들어내는 바람 소리, 빗소리를 그리워하며 살았다. 그래도 타향 한복판에서 내가 쉴 수 있고, 숨을 곳이 있다는 것에 늘 감사하며 지낸다. 집 밖에서 힘든 하루를 보내고 집으로 돌아올 때, 그리고 대문을 열고 현관문을 따고 들어설 때의 그 안도감과 편안함. 빨리 문을 닫고 방 한가운데 쓰러지자. 이제부터는 자유야. 여긴 나만의 공간. 아주 개인적인 장소. 나만의 성소야. 그럴 때마다 비록 방 한 칸뿐일지라도 집이 있다는 게 얼마나 고맙고 다행스러운지.

　집은 이 세상에서 나를 거부하지 않는 유일한 장소다. 내가 그 안으로 들어가고 싶으면 언제든지 나를 거절하지 않고 반겨주는 곳. 그리고 그 안에선 얼마든지 내 본래의 모습으로 한껏 게으름을 피워도 되고, 울어도 되고, 즐거워해도 되는 곳. 그 집이 굳이 내 소유가 아니어도 사는 동안은 집도 나와 일심동체가 되어주는 곳. 집 밖을 나서면 나는 없어지고 군중이 되지만 그 안에 있을 땐 얼마든지 있는 그대로의 나, 한 사람의 개인이 될 수 있는 유일한 장소인 집! 나에게 있어 집의 의미는 그런 곳이다. 이 세상에서 내가 유일하게 마음 놓고 숨을 수 있는 곳.

　처음엔 집을 구하러 다니면서 창문 앞에 큰 나무가 있었으면, 창을 열면 산이 보였으면, 번잡한 동네가 아니었으면, 누워서도 빗소리나 바람 소리가 잘 들렸으면…, 하여 발품을 있는 대로 팔고 다녔지만, 지금은 산이 있는 근처, 되도록 언덕 가까이 있는 집(누워서도 바람 소리가 잘 들리는), 재래시장이 있는 곳 정도면 어디든 괜찮다. 나무가 보고 싶으면 산으로 가고, 바람을 맞고 싶으면 언덕 위로 오르고, 사람 사는 모습이 그리우면 재래시장을 한 바퀴 돌면 되니까. 그래서 작년 여름엔 그런 곳으로 이사를 했다. 운 좋게도 도서관이 가까운 곳에 있어 저녁 늦게라도 필요한 책이 있으면 시장 가듯 간편한 차림으로 도서관을 다녀올 수 있어 정말 좋다.

그러면서 요즘 들어 '집'에 대해 많이 생각하게 되었다. '집'이란 무엇인가? 원래 집이란 세상의 중심을 의미했다. 지리적이 아닌 존재론적 의미에서 그랬다. 집이 세상의 중심인 까닭은 아마도 집이 인간과 삶을 품고 하늘과 땅이라는 수직선과 수평선이 교차하는 길 위에 있기 때문이리라. 유목민들이 이동할 때마다 천막과 천막기둥을 꼭 챙기고 다니는 것도 하늘로 향한 수직선(기둥들)과 땅으로 향하는 수평선(방)이 집 밖의 모든 위협적인 혼돈을 막아주고 보호해준다고 생각했기 때문이리라. 그리고 그들은 집이 없으면 모든 것은 파편일 뿐이라고 생각했다. 그래서 어디서건 천막을 올리고 그 안에서 생활하고 잠을 잤다.

아무리 세월 따라 집의 개념이 변하고 또 변해간다 해도 집이란 지상에서의 모든 여행이 시작되는 곳임과 동시에 희망을 품고 돌아오는 곳임에는 변함이 없을 것이다.

지난주 우연히 옛날 고희동 화백이 살던 집(서울 종로구

원서동 16번지)을 방문했다. 우리나라 최초의 서양화가의 집. 1918년에 일본 유학을 마치고 돌아와 전통 한옥과 일본식 주거문화의 장점을 살려 직접 설계하여 지었다는 목조건물. 대문을 들어서면 넓은 마당이 있고, 마당엔 작은 자갈들이 깔려 있어 전체적으로 정갈하고 세련된 느낌을 주는 집. 현관이 집 정면에 있지 않고 옆쪽에 있어 참으로 겸손하고 단아해 보이는 집. 집 안으로 들어서면 일자형 안채와 ㄷ자형 사랑채가 안채를 감싸 전체적으로 ㅁ자형을 이루며 그 중심에 또 작은 정원이 있고, 툇마루마다 유리문을 창처럼 달아 긴 복도로 만든, 누구나가 꿈꾸는 참으로 아름답고 실용적인 집. 마치 인간과 집이 함께 지혜를 짜내어 지은 것처럼 한옥(주택)의 미(美)를 아낌없이 보여주는 집. 그 시대에 이런 집을 짓고 살았다니, 정말 부유한 사람이었구나! 감탄사가 절로 흘러나올 정도로 훌륭한, 꿈같은 집이었다. 이런 집은 보는 것만으로도 부러워 점점 그 집 앞에서 내가 줄어들어 없어지는 느낌이 들면서 꿈꾸는 집의 잔상으로 오랫동안 내 마음에 애잔한 슬픔으로 남을 것이다.

그래, 이런 집보다는 백석 시인의 '산골집'이 나는 더 좋아. 적어도 그 집은 나를 줄어들게 하거나 초라하게 만들진 않아. 오히려 그 집에 아주 어울리는, 집과 똑같은 사람으로 만들어줘. 내가 꿈꾸는 집은, 가난한 시인에게 어울리는 집은 그런 집이야.

산골집은 대들보도 기둥도 문살도 자작나무다
밤이면 캥캥 여우가 우는 산도 자작나무다
그 맛있는 메밀국수를 삶는 장작도 자작나무다
그리고 감로같이 단샘이 솟는 박우물도 자작나무다
산 너머는 평안도 땅도 뵈인다는 이 산골은 온통 자작나무다

— 백석,「백화」전문

대들보도 기둥도 문살도 온통 자작나무로 만들어진 집. 문만 열면 먼 하늘까지 보이고, 자작나무를 흔드는 바람 소리에 새들이 후드득 날아오르고, 그 나무 위에서 어느 날, 비가 툭툭 떨어지는 그런 집!

# 바다가
# 그리운 날

오늘은 몹시 바다가 그리운 날. 차가 있고 운전을 할 수 있다면 고양이 세수를 하고라도 무작정 바다가 있는 곳으로 달려갈 텐데…. 그럴 수 없어 사진첩을 꺼내 바다 사진들을 본다. 보는 것만으로도 마음이 쏴–해지고, 가슴 밑바닥에서부터 파도 소리가 울려온다. 내가 태어나고 자란 곳, 바다! 그토록 좋아하는 바다를 두고 서울에서 산 지도 어느덧 30년을 훌쩍 넘기고 있다. 지금쯤 해운대나 송정 바다는 봄 햇살에 반짝반짝 윤슬을 뽐내며 사람들을, 구름을, 바람들을 유혹하고 있을 텐데….

사진첩을 넘기다 오랜만에 니콜라 드 스탈(1914-1955)의 바다 그림을 본다. 러시아 출생의 프랑스 화가. 나는 그가 그린 바다 그림을 참 좋아한다. 그는 그가 가장 유명할 때 41세의 나이로 스스로 11층 건물에서 뛰어내린 불운의 화가이다. 자신이 그리고 싶은 그림은 모두 다 그렸다며, 이제는 더 이상 그릴 게 없다며. 그를 많이 좋아했던 알베르 카뮈는 그 소식을 듣고 "남겨진 사람들에 대한 강간"이라며, 매우 비통해했다.

　니콜라 드 스탈은 정말 많은 그림을 그렸다. 자신이 그림 자체가 될 때까지 그리고 그렸다. 그림 그릴 수 있는 곳이면 어디든 달려가 드로잉을 하고 스케치를 하고 그 풍경들을 소화시켰다. 그 때문인지 그의 그림을 보고 있으면 내면 깊은 곳에서 서서히 격정 같은 게 솟아오른다. 그 격정이 절망 속의 희망인지, 희망 속의 절망인지 꼬집어 말할 수는 없지만, 그 그림 속엔 꼭 껴안아 주고 싶은 상심한 휴머니즘과 숭고한 서정미가 배여 있다. 누군가 그에게 왜 그림을 그리느냐고 물었을 때 "나는 작가도 심지어는 화가도 아니다. 그럼에도 나는 나의 모든 불안, 고통에서 자유롭기 위해 그림을 그려야만 했다. 그래야만 살 수 있었다"고 대답했다. 그만큼 그의 그림에는 말로 표현할 수 없는 환각, 무방비 상태의 깊은 서정과 절박한 애절함이 한껏 녹아 있다.

몇 년 전 강원도 고성에서 한 달 남짓 머물며 '시창작수업'을 한 적이 있다. 매일매일 바다를 볼 수 있고, 해변을 산책할 수 있어 참 행복했다. 그때 스탈은 줄곧 나와 함께 있었다. 고성 바다는 그의 캔버스였고 나는 그 캔버스 안을 걷고 또 걷는 붓이었다. 때로는 그 안에서 길을 잃고 울기도 하고 아주 자유로운 대신 엄청 외롭고 쓸쓸하기도 했지만, 그와 함께 걷는 바닷가는 정말 아름다웠다. 나는 그곳에서 바다 위로 뜨는 해와 지는 해를 실컷 보았다. 수업할 때만 빼면 늘 혼자였으나 바다에서 만나는 푸른색, 시시각각 변하는 그 푸른색은 내가 아는 모든 사람이 꿈꾸는 꿈 조각 같았고, 나는 그 꿈 조각을 배처럼 타고 다니며 바다와 태양이 주는 강렬한 적막과 멜랑콜리를 맘껏 누렸다.

그 바닷가에 다시 가보고 싶다. 그가 평생을 추구한, 가장 순수한 색, 길들일 수도 없고, 총알도 거의 뚫을 수 없을 것 같은, 그런 푸른색!! 그 푸른색을 어쩌면 그 바닷가에서 우연히 만날지도 모르니까. 아주 짧은 순간, 불현듯이!

## 추억의
## 발라드

아주 오랜만에 이화여대 캠퍼스를 걷는다. 젊은 열기가 곳곳에 배어 있어 오늘따라 보이는 것 모두가 청명하고 싱싱해 보인다. 젊음이 좋긴 좋구나. 바라보는 것만으로도 싱그럽고 예뻐서 나도 모르게 지나가는 젊음을 향해 함박웃음을 던진다. 여대 캠퍼스임에도 학교 안에 '아트하우스모모'란 영화관이 있어 삼삼오오 함께 가는 남자들과 나이 든 사람들이 자주 눈에 띈다. 사실은 나도 영화를 보러 이곳에 왔지만, 영화를 안 보고 숲 그늘에 계속 앉아 지나가는 젊음만 감상해도 재밌는 하루가 될 듯 화창한 날씨다. 물오른 감각들이 가장 농염해지고 왕성해지고 관대해지는 계절, 만나는 나무마다 찬란한 신록으로 쭉쭉 활기차게 울창과 무성을 향해 발길을 서두르고 있다. 완연한 여름이다. 나는 근처 화장실로 들어가 겹쳐 입은 속 티셔츠 하나를 벗어 돌돌 말아 가방에 넣는다.

이대 근처는 88올림픽이 끝나고, 서울에 처음 입성했을 때 자주 갔던 곳이라 이곳만 오면 괜히 감개가 무량해진다. 그때와 지금은 많은 게 표나게 달라졌지만, 그 당시 우리들의 약속 장소는 대개 종로2가의 '종로서적' 아니면 신촌의 '홍익문고'와 '독수리 다방'이었다. '종로서적'은 잠시 사라졌다가 부활했지만, '홍익문고'와 '독수리 다방'은 아직도 그 장소에 그대로 살아 있다는 게 어찌나 반갑고 고마운지.

그 당시 낙성대 근처에 살면서도 누군가를 만날 땐 꼭 이곳에서 만나 옷도 사고, 머리도 자르고, 책을 사려고 꿍쳐놓았던 돈으로 까짓것 기분이다! 술잔과 맞바꾸었던 기억에 새삼 새록새록 웃음이 났다. 그때는 나도 새파랗게 젊은 편이라 눈과 손, 귀, 온몸에 발과 입이 달려 어디든 달려가고, 무엇이든 소화했다. 개구리도 올챙이 시절엔 거의 조그만 물고기와 같아 천지 구분 없이 얼마나 물속을 자유자재로 헤집고 다녔겠는가. 젊음이란 그처럼 허기지고 무모하고 맹목적이어서 더없이 아름답고 소중한 것. 하지만 그 시절로 다시 돌아가라면 돌아가고 싶지는 않다. 그 지난한 시절을 무사히, 잘 건너

온 것만으로도 대견스러워 눈물 나는데, 그래서 이 모든 게 이토록 아쉽고 아름답게 느껴지는데…. 하여 누가 뭐래도 나는 나이 든 지금의 내 모습이 좋다. 비록 내세울 만한 업적 하나 없어도, 괜찮다. 충분하다.

나는 휴대폰을 꺼내 구름 사진을 몇 컷 찍는다. 문득 "도시인에게는 하늘이야말로 마지막 남은 진정한 야생이다"라고 한 칼 샌드버그의 시구가 떠올랐기 때문이다. 하늘이 야생이라면 구름은 야생 동물, 혹은 야생 숲인가. 이대 캠퍼스도 신촌도 어딜 가도 이제는 인공이 자연을 제압하는 곳 투성이니 구름 사진 몇 컷으로 오늘을 기념해도 좋을 것 같다. 오늘 본 하마구치 류스케 감독의 영화 〈악은 존재하지 않는다〉와 아주 걸맞게.

언어
절도 행각

여름을 참 좋아했는데 언젠가부터 여름이 공포로 변하고 있다. 에드바르 뭉크의 〈절규〉가 머릿속에서 계속 비명을 지르고 있는 듯 무시무시한 폭염이 계속되고 있다. 에어컨이 없는 곳에선 가만히 앉아 있어도 누워 있어도 삽시간에 온몸이 땀으로 범벅이 된다. 할 수 없어 짐을 챙겨 동네 카페로 간다. 카페 안에도 피서(?) 나온 사람들로 빈자리가 거의 없다. 겨우 찾아낸 구석 자리. 10분도 채 지나지 않았는데 제대로 숨쉬기가 잘 될 만큼 시원하다, 시원하다, 시원하다.

    나는 가져온 책을 펼친다. 책을 펼칠 때마다 이 책에서 오늘은 무엇을 발견할까? 내가 몰랐던 새로운 단어와 어떤 멋진 문장을 만날까? 두근두근 내 눈은 반짝인다. "독서는 소리 없는 절도이다. 올빼미의 마술적인 비상과 흡사하다"는 파스칼 키냐르의 말에 전적으로 공감하고 동의하면서 책 도둑이 될 만반의 자세를 취한다.

내가 아는 남자는 한 달에 20권가량의 책을 읽는다지만 나는 그렇게 하지 못한다. 아무리 책을 좋아해도 독서 말고도 세세하게 집중해야 할 것이 많은 나는 그 반만 읽어도 충분하다고 생각한다. 그게 무엇이든 나를 어떤 통제하에 계획하에 두는 게 싫고, 또한 독서에 어떤 사명감 같은 걸 부여하고 싶지도 않다. 책을 좋아하니까 책이 세계가 너무 좋으니까 계속해서 책을 찾아다닐 뿐이다. 그렇게 한 권의 책 읽기가 끝나면 내 노트에 빼곡히 담기는, 그 책에서 훔친 문장들과 단어들. 그 엄청난 쾌감이 좋아 파스칼 키냐르가 말한 '올빼미(지혜의 여신)의 마술적인 비상', 그 황홀한 태도를 버리지 못하는 것이다. 그리고 언어 절도 포식만큼 나를 기쁘고 즐겁게 하는 상상놀이도 없고, 그 절도 행각의 회수가 많아지면 많아질수록 독서에 대한 열광과 갈망도 더욱 커지고, 이 세상에 이토록 아름답고 무섭고 낭만적이고 아프고 슬픈 단어들이 많았다니, 몰아지경에 빠져 그 어떤 절해고도에서도 견딜 수 있을 것 같아지는, 성스러울 정도로 색다른 차원의 자유로운 나를 느끼게 해주는 게 좋기 때문이다.

    그럼에도 나는 파스칼 키냐르처럼 조류과도 고양잇과도 아니어서 아직은 더 높이 날지도 더없이 우아하고 날렵하지도 못해 혼자 바둥바둥 이 책 저 책으로 흘러 다니는 중이라 충분히 감탄할 만큼의 대도(大盜)가 되지는 못했다. 대신 언제나 '책을 펼침으로써, 책 안에 거주함으로써, 책을 읽음으로써' 좀 더 나은 독자적이고 개성적인 작가가 되려고 오늘도 언어의 거미줄 짜기에 전력투구하고 있다.

    글쓰기는 이미 내게 생계필수산업이 되어버린 지 오래라 글쓰기를 통해 나를 더 잘 보살펴야 하고, 어떤 올빼미보다 더 멋진 비상을 꿈꿔야 하므로 내 독서는 계속될 것이고 언어 절도 행각도 계속될 것이다, 하늘 아래 새로운 것은 없다지만 책은, 책만은 언제나 내겐 새로우니까.

페소아의
리스본에서

덥다. 무지 덥다. 펄펄 끓어오르는 태양열은 밤이 되어도 식을 줄을 모른다. 계속되는 열대야에 숨이 헉헉 막혀 밤 산책을 나선다. 매번 같은 길이라 오늘은 상상력을 발휘하여 이 길이 늘 가보고 싶었던 리스본 거리라 상상하며 걷는다. 리스본! 하면 제일 먼저 떠오르는 페르난두 페소아(1888-1935)! 그 페소아의 리스본이라 상상하며 언덕길을 오른다. 일곱 개의 언덕으로 만들어진 도시답게 리스본엔 언덕들이 많다. 그 언덕 중 한 언덕길을 오르는 내 앞으로 이탈리아 작가 안토니오 타부키(1943-2012)가 걸어가고 있다. 커다란 트렁크를 들고. 무수한 페르난두 페소아로 가득 찬 낡은 트렁크를 들고.

그는 1960년대 파리의 어느 헌책방에서 페소아의 시집

『담배 가게』를 발견하고는 그의 광팬이 되었다. 1930년대 프랑스 초현실주의자들이 헌책방에서 로트레아몽을 발견하고는 광팬이 되었듯이.

"나는 아무것도 아니다./ 영영 아무것도 되지 않을 것이다./ 무언가가 되기를 원할 수조차 없다./ 이걸 제외하면, 나는 이 세상 모든 꿈을 품고 있다"로 시작되는 「담배 가게」란 시에 반해 타부키는 그날부터 죽을 때까지 평생을 페소아 사랑에 바치리라 결심하고는 이탈리아에서 포르투갈로 날아와 이곳 리스본에 터를 잡았다. 그러곤 포르투갈의 페소아, 페소아의 리스본과 열렬한 사랑에 빠졌다. 그러면서 그는 언제나 문 없는 벽 앞에서 문이 열리기를 기다리던 뼛속까지 고독한 한 시인의 활짝 열린 문이 되어주었다.

시대를 초월한 작가들의 이런 위대한 사랑을 만날 때마다 나는 감격하고 감탄한다. 타부키가 아니었다면 페소아의 이 엄청난 유물 원고들, 2만 7,500여 장이 넘는 이 원고들이 빛을 발할 수 있었을까. 우리가 이 매혹적인 원고들을 읽으며 이토록 열광할 수 있었을까.

나는 타부키를 따라 포르투갈 석조 건물 중 가장 아름다운 제르니무스 수도원 언덕길을 오른다. 그 수도원엔 페소아가 묻혀 있다. 그들은 죽어서도 이탈리아에서 리스본으로, 리스본에서 이탈리아로 깊고 깊은 포옹을 나누기 위해 이렇듯 밤마다 서로를 그리워했구나. 나는 계속해서 타부키의 뒤를 따라간다. "나는 원래 있던 것을 잃었고, 다른 모든 것도 잃었다. 그제야 나는 전혀 다른 사람이 되었다. 진정한 나 자신이 되었다. 우리의 전 생애는 꿈, 꿈일 뿐이다"라고 날마다 리스본의 별들을 향해 절규했던 페소아. 그 페소아의 목소리를 다시 한번 더 듣기 위해 유령이 되어서도 밤마다 제로니무스 수도원 언덕길을 오르는 안토니오 타부키. 무수한 페소아처럼 무수한 타부키.

언젠가 나도 그들과 합류할 수 있을까. 사람들이 입 모아 말하는 '망자들의 특별한 정거장'인 페소아의 리스본에서.

그랬으면 참 좋겠다. 자신을 더 사랑하기 위해 겁 없이 그 사랑 속으로 뛰어든 타부키와 페소아의 숱한 이명(異名)들처럼.

# 3인치 화가,
# 강익중

강익중은 뉴욕에서 모국어(한글)를 그리는 세계적인 설치미술가다. 그는 1984년 홍익대 서양학과를 졸업하고 뉴욕의 프랫 인스티튜트로 유학을 갔다. 그곳에서 학비는 물론 생활비까지 벌어야 하는 몹시 가난한 학생이었다. 방값을 아끼기 위해 그는 도심에서 먼 곳에 숙소를 잡고, 학교까지 버스로 왕복 3시간이 걸리는, 그 버스 안에서 그림을 시작했다. 아주 작은 사이즈(3×3), 3인치 캔버스에 고국을, 고향의 그리운 사람들과 혼을, 모국어의 희로애락과 목소리들을 그렸다. 그러곤 그 3인치 캔버스를 천 개, 만 개 모아 아주 큰 대형 캔버스로 만들었다. 그 손바닥만 한 그림들이 대형 캔버스로 옮겨질 때마다 고국산천이 되고 바람이 되고 구름이 되고 사람들이 되고 달항아리가 되고 아직 쓰이지 않은 시(詩)가 되어 세계가 알아주는 3인치 화가, 지금의 강익중을 세계 미술계에 우뚝 서게 했다.

　3인치 그림들이 모인 그의 대형 작품을 처음 보았을 때, 말로만 듣던 '티끌 모아 태산'이 실제로 눈앞에 나타난 듯 나도 모르게 신선한 감탄이 흘러나왔다. 백남준이 생전 왜 그와 함께 휘트니 미술관에서 2인전을 열었는지 고개가 끄덕여졌다.
　그런 그가 오랜만에 청주시립미술관에서 〈청주 가는 길: 강익중〉 40주년 회고전을 연다고 하니 7월 어느 날, 나도 청주로 내려가 꼭 그의 전시를 볼 생각이다.

　내가 그를 좋아하는 건 한결같이, 변함없이 3인치 그림을 그리며 그 그림들을 무한대로 확장해 나가는 꿈을 버리지 않고 있기 때문이다. 게다가 그 영역을 세계 어린이들의 꿈으로 확장해 1999년부터 지금까지 여러 나라 어린이들이 그린 3인치 그림들을 모아 세계 여러 곳의 병원과 학교 도서관, 우리나라 몇몇 초등학교에도 설치하고 있다는 것이다. 어린이를 사랑하고 어린이들의 미래를 꿈꾸며 함께 '꿈의 다리'를 건너는 작가. 어떻게 그런 작가를 사랑하지 않을 수 있겠는가.

아마도 이 전시가 끝나면 이제 그의 고향인 청주는 강익중 때문에 세계적 문화도시, 지구촌의 플랫폼이 될지도 모른다. 그는 올 가을에 한국인 최초로 '포에버 이즈 나우' 국제미술전시에 초대되어, 유네스코 세계문화유산인 이집트의 기자 피라미드 앞에 대형 신전 4개를 설치, 작품 외벽에는 한글, 영어, 아랍어, 상형문자로 우리 민요 〈아리랑〉을 새기고, 내벽에는 어린이, 전쟁 희생자, 난민, 한국전쟁 피난민이 그린 5,016점의 그림으로 채워진 〈네 개의 신전〉을 선보일 예정이다. 우리의 〈아리랑〉이 진정한 '세계의 단결'을 위해 기자 피라미드 앞에서 우렁차게 울린다니! 상상만 해도 놀랍고 자랑스럽고 아름답지 않은가.

나는 늘 나무를 사랑하듯이 훌륭한 작가들을 사랑해왔다. 그들이 천 년 전 사람이든 백 년 전 사람이든 생존하는 사람이든 관계없이 평생을 변함없이 그들을 사랑하는 마음으로 살아왔고, 살아가고 있다. 그 사랑은 지금도 적당히가 아니라 충분히 나 자신을, 타인을 사랑할 힘을 주고, 내 길을 묵묵히 나아가게 해준다. 강익중도 내겐 그런 작가다. 자신이 서 있는 곳이 곧 진정한 자기 자신인 사람.

그리운
옛 등대

아주 오랜만에 부산 친구에게서 편지가 왔다. 너무 반가워 우편함 앞에서 편지를 열어보니, 간단한 안부와 함께 사진 2장이 들어 있다. 부산에서 가장 오래된 제뢰등대 앞에서 찍은 사진과 19세기 프랑스 풍경화가 외젠 부댕(Eugène Boudin)의 그림 〈옹플뢰르의 등대〉 앞에서 찍은 사진이다. 외젠 부댕의 바다 그림을 좋아하는 내게 자랑하려고 프랑스 여행길에 '외젠 부댕 미술관'에 들러 찍은 사진인 듯했다. 새파랗게 젊었던 시절의 그 모습은 어느덧 사라지고 사진 속의 친구도 나만큼 나이를 삼킨 듯 머리카락이 희끗희끗했다.

제뢰등대는 부산 감만시민부두에 있다. 1905년에 건립된 등대로 부산에선 가장 오래된 등대다. 거의 100년이 넘은 등대로 높이는 6.9미터다.

　처음 이 등대의 이름을 들었을 때 무슨 등대 이름이 군사용 어뢰 같지? 등대 이름치곤 참 묘했다. 어원을 찾아보니 두견이(접동새) 제(鵜)와 여울 뢰(瀨)를 합친 이름으로, 등대가 세워질 그 당시, 그곳 주변에 '까치 여울' 혹은 '오리 여울'이라 불리는 수심이 아주 얕은 위험한 여울이 있어 붙여진 이름이란다. 하지만 이름과는 달리 등대는 아주 예쁘다. 100년 세월이 무색할 만큼 보존상태도 양호하고 건축미도 뛰어나 동화 속 참한 등대 같다. 처음엔 감만동 바닷속 해상 등대였으나 2001년 바다를 매립해 부두가 들어서면서 등대로서의 임무를 끝내고, '등대문화유산 제23호'로 영구보존 등대가 되었다. 그 위로 감만동과 영도 청학동을 잇는 부산항대교가 쭉 뻗어 있다. 부산에 가면 한 번쯤 가볼 만한, 석양과 야경이 꽤 아름다운 곳이다.

　프랑스 옹플뢰르는 프랑스 음악가 에릭 사티의 고향이라 관심이 가는 항구도시다. 가보지는 못했지만, 상상만으로도 기분이 참 좋아지는 곳이다. 그림으로 옹플뢰르 등대를 처음 만난 건 조르주 쇠라의 등대 그림이지만, 그 그림을 검색하다

외젠 부댕의 등대 그림도 알게 되었다. 부댕의 그림은 등대 말고도 바다 그림들 모두가 마음에 들었다. 내가 너무나 잘 알고, 늘 그리워하는 바다 풍경이 그 그림 안에 다 녹아 있었다. 외젠 부댕은 우리가 너무나 잘 아는 클로드 모네의 스승이다. 부댕은 제자들에게 그 당시 금기시했던 외부 그림 작업을 적극적으로 권장했다. 지금은 외젠 부댕을 인상파의 아버지라 부른다. 그의 등대 그림은 지금 보면 훨씬 더 좋다. 옛날 등대 맛이 새록새록 배어난다.

    이 그림 말고도 쇠라, 호퍼, 몬드리안이 그린 등대 그림도 참 좋다. 그들 그림에는 등대가 가진 근접할 수 없는 적막과 고요, 순교자적 책임감과 명쾌한 성격 등이 고루 잘 녹아 있다. 애써 덧붙인 멋 부림 같은 게 없다. 그래도 등대는 뭐니 뭐니 해도 등대지기와 함께 동고동락하면서 크고 작은 에피소드로 운명처럼 얽혀 살았던 옛 시절의 등대가 훨씬 더 신비하고 매혹적이지 않을까? 아마도 등대에게 물어도 십중팔구는 그 시절이 눈물 나게 그립다고 말하지 않을까?

# 내 시의
# 하나밖에 없는 애인

한낮의 몬드리안 카페. 아무 장식 없는 실내가 가끔씩 들러 책 한 권 읽기에 아무런 부담이 없다. 기분 좋은 멜로디처럼 코끝을 스치는 커피 향. 주인아저씨의 손길이 부드럽게 커피 맛을 주무르는 걸 바라보는 것도 참 괜찮은 오전의 창가. 창가 맞은편에 댕그라니 걸려 있는 몬드리안의 그림. 〈브로드웨이 부기우기〉. 반짝반짝 불 밝힌 뉴욕의 밤거리. 그리고 천천히 혹은 아주 빠르게 달리는 자동차들의 헤드라이트. 그 사이로 들려오는 재즈 피아노의 경쾌하면서도 슬픈 은둔 색의 리듬들. 몬드리안은 이 그림을 마지막으로 세상 저편으로 떠났다. 그래, 최후의 그림답게 이 그림에는 사람들의 숨결이, 뜨겁고, 차갑고, 아프고, 외롭고, 달콤한 기척이, 움직임들이 살아 있다. 살아 있다는 것은 저녁 어스름처럼 두렵고 지나간 날들처럼 관용적이다. 몬드리안의 그림 중 직선의 탁월함이 가장 잘 표현된 작품. 〈브로드웨이 부기우기〉. 몬드리안이 특별히 좋아서라기보다 '브로드웨이 부기우기'라는 제목이 더 좋아 15평 가까운 카페 안에 그림 한 장만 달랑 걸어놓았다는 주인아저씨. 예전에 뉴욕에서 디자인 공부를 조금 하다 온 실력답게 이 카페 안과 너무나 잘 어울리는 그림 한 장의 미학적 효과. 〈브로드웨이 부기우기〉.

늘 마시고 또 마셔도 커피가 좋은, 커피 중독자인 내 앞에 놓인 한 잔의 뜨거운 커피. 커피 향이 불러일으키는 어제, 그리고 더 오래된 날들의 그림자들. 오늘은 그 그림자들의 실체를 불러내 시를, 시를 쓰기 위해 이곳에 앉아 있다. 올해 들어 무지막지하게 글이 쓰고 싶어졌다. 한 줄도 쓰지 못하는 날엔 잠도 잘 오지 않았다. 원고 마감일이 다가올 때마다 가슴에서 피가 줄줄 흐르고, 손끝이 불에 덴 듯 뜨거웠다. 십 년 넘게 시집도 내지 않고 시를 멀리했으니 그에 대한 죗값이 나를 들볶고 채찍질하는 걸까? 예전의 열정을 다시 불러오고 싶어 매일매일 몸살을 앓는 내가, 그러나 전혀 싫지가 않다.

주인아저씨 몰래 창문에 입김을 불어 '詩'라고 써본다. 詩.

한 번도 질린 적 없는 단어. 벗어나고 싶은 적은 있었으나 질린 적은 없는, 유일하게 나와는 아주 깊은 내연관계인, 변함없는 사랑. 오늘따라 커피 맛이 참 좋다. 하루에 60잔 이상의 커피를 마시며 글을 썼다는 발자크. 어떤 작가에게는 커피가 식수 역할을 톡톡히 했다는 게 참 기쁘다. 건강과잉콤플렉스를 앓고 있는 현대인들은 꿈도 꿀 수 없는 커피에 대한 그런 비사들을 접할 때마다 느끼는 이상한 쾌감. 그들과 한통속이 되고 싶다는 묘한 심리학적 합리화.

노트를 꺼내 'FC 바르셀로나'라고 쓴다. 어제, 아니 오늘 새벽에 본 2014-2015 챔피언스리그 결승전. FC 바르셀로나와 유벤투스 경기. 한밤을 꼬박 새우며 응원을 하다 보니 어느새 아침이 밝아와 있는, 탈진한 듯 감미로운 피곤함. 나는 한두 시간을 자고 일어날까 하다 뜨거운 물에 샤워하고 이곳으로 나왔다. 맛있고 향 좋은 커피가 마시고 싶어 밤을 새운 피곤한 내 몸에게 양해를 구하고(며칠 전 의사의 말에 의하면 내가 영양이 실종(?)되었다나!), 그래도 과잉보다는 부족한 게 더 견디기 쉬운 내 체질을 나도 어쩔 수 없어 빈속에 뜨거운 커피를 마신다. 그리고 'FC 바르셀로나'란 시 한 편을 쓴다.

시가 있어서 참 좋고, 축구가 있어서 참 좋고, 아무런 부담 없이 내게 친절한 이런 공간, 이런 아저씨들이 있어서 참 좋다. 오늘은 산문 원고료가 들어오는 날이니 아저씨가 만들어주는 스테이크를 사 먹어야지. 오전 햇살이 물러나고 오후 햇살이 다가오는 창가로 잠자리 몇 마리가 날아가는 게 보인다. 꼬리가 아주 붉은 걸 보니 고추잠자리들이다. 나는 창문을 연다. 창문은 닫을 때보다 열 때가 훨씬 더 나와 가깝고 훨씬 더 내게 많은 위안을 준다. 8월의 무더운 열기가 확, 하고 얼굴을 덮친다. 이런 열기 속에선 잠을 자야 하는데…. 그러고 보니 요즘 들어 푹 잠을 잔 적이 없다. 오늘 밤엔 무슨 일이 있어도 잠을 좀 푹 자두어야겠다.

수전 손택이 쓴 소설 『화산의 연인』을 반쯤 읽다 눈을 드니 어느새 땅거미가 밀려오고 있다. ―나는 수전 손택도 참 좋아한다. 삶 속에 온전히 현존하려는 그녀가 좋고, 언제나 세계에 주의를 기울이는 그녀의 따뜻한 지성이 좋다.― 이 시각이면 먼바다의 돌고래들이 낮잠에서 깨어날 시각. 나는 어두운 물속을 헤엄치는 돌고래 무리를 상상하며 몬드리안 카페를 나온다.

주인아저씨가 덤으로 더치커피 한 병을 건넨다. 오전에 쓴 시 「FC 바르셀로나」를 들려준 선물이란다. 고맙다. 나는 집으로 돌아오면서 돌고래들의 청회색 몸뚱이, 부드럽고 미끈한 피부. 시라노의 코처럼 불쑥 튀어나온 주둥이에 감도는 그 수수께끼 같은 미소를 떠올리며 혼자 웃는다. 귀여운 녀석들. 그들의 전파 같은 웃음소리가 듣고 싶고, 괘골괘골, 왁자지껄 울어대는 개구리들의 울음소리도 듣고 싶다.

　서울에 와서 참 많은 걸 잃고, 잊고 지냈다. 그동안 내가 놓치고, 모른 체하고, 돌보지 않았던 것들에게 늘 미안함이 앞선다. 혼자 사는 삶이 이렇듯 힘들 줄을 몰랐다. 생각했던 것보다 훨씬 힘들고, 벅차고, 아파 모두에게 미안하고, 특히 시와 나에게 가장 미안하다.

　집으로 돌아와 밖에서 쓴 원고들을 정서하다 보니 어느새 한밤중. 배에서 꼬르륵~ 밥을 부르는 소리가 요란하다. 아, 엄마가 해주는 따뜻한 밥상이 정말 그립다! 간단하게 저녁밥을 차리고 정서한 원고들을 읽어본다. 소리 내어 글을 읽는 이런 시간도 나는 참 좋아한다. 누군가가 내게 말을 거는 것 같고 누군가에게 내가 대답하는 것 같다.

　이제는 내 글이 내 맘에 들지 않아도 타인의 미학적 잣대로 내 글을 판단하지 않게 되어 참 좋다. 이런 평심을 찾는 데

몇 년이 걸렸다. 몇 년 동안 나는 나를 폐기시키고 버리는 데 온 힘을 쏟았다. 그 아프고 힘들고 부질없는 시간들을 어렵게 통과해 맛보는 자유로움. 나는 이제 넓은 운동장에 서 있는 한 아이로 돌아왔다. 혼자서 놀아야만 해도 잘 놀 수 있는 튼튼한 아이가 되었다. 그리고 그 누구도 나를 도와줄 수 없다는 것에 덤덤하게 고개를 끄덕인다. 그리고 "그들이 가지런히 줄 처진 종이를 내밀거든 그 줄에 맞추지 말고 다른 방식으로 써라"고 했던 후안 라몬 히메네즈 시인의 말을 따를 만반의 준비를 갖추었다.

이제 곧 이 밤이 지니면 새로운 하루의 태양이 뜰 것이다. 그 안에 아직도 내가 살아 있고, 살아 움직인다는 것에 감사한다. 그 움직임이 있는 한, 나는 계속해서 시를 쓰고, 시를 쓸 것이며, 시와 함께 오, 아름다운 나날들을 멋지게 꾸려갈 것이다. 내 시의 하나밖에 없는 애인이 되어!

김상미의 감성엽서

# 가을

모르는 낯선 도시에 도착해 그곳 제일 가까운 찻집에 들어가 마시는 한 잔의 커피. 마치 오랜 길을 혼자 돌아온 것처럼 가슴 한 곳에 숨어 있던 추억들이 하나둘 깨어나는 듯한, 가슴 저림!

그럴 때의 커피는 한 잔의 술보다도 더 다정히, 살아온 시간들과 정면으로 대면하게 만드는 위력이 있다. 부풀어 오른 포도알들이 터지듯 주변을 온통 추억의 보라색으로 변하게 만드는 힘!

슬플 때나, 기쁠 때나, 외로울 때나, 힘들 때나… 나는 언제나 모든 것을 커피와 함께 해왔다. 커피는 내게 행복해지는 방법을 가르쳐준 유일한 나의 기호품. 내가 절대 고도의 상처에서 전율할 때도 나를 사랑으로 껴안고, 나와 세계를 연결해주는 위안의 통로.

그 통로 위에서 나는 오늘도 내 기억의 아픈 조각들로 만든 콜라주에 또 한 잔의 커피를 타고, 마신다. 나는 커피 중독자. 아니, 아니, 커피 예찬자!

# 어느 뮤지션의 하루

나는 어떤 뮤지션인가? 로커인가, 래퍼인가, 헤비메탈인가, 아님 트로트나 재즈, 발라드인가, 그것도 아니면 클래식인가? 아니 정말 뮤지션이기나 한 건가?

  아침

  잠에서 깨어나면 꿈속에서 열창했던 모든 멜로디는 걸레가 되어버린다. 걸레? 그래, 걸레! 그러나 걸레는 아직 쓰레기가 아니다. 내 방을 닦아낼 수도 있고, 내 창을 닦아낼 수도 있다. 나는 걸레를 들고 깨끗이 창문을 닦아낸다. 맑게 활짝 열린 창으로 매캐한 은행 열매 냄새가 흘러들어와 코끝을 자극한다.

어느새 가을이다.

나는 밤새 찾아낸 엄마의 사진을 벽에다 붙인다. 어느 늦은 가을날, 제주도 비자림에서 찍은 사진이다. 단풍이 곱게 물든 비자림 숲속은 정말 아름다웠다. 엄마와 나는 손을 꼭 잡고 800년 된 비자나무 앞에서 몇 장의 사진을 찍었다. 그때의 엄마의 손은 마이크를 꽉 잡은 뮤지션의 손처럼 뜨거웠다. 나름대로 인생에 지친 70대의 엄마와 40대의 딸은 그때 무슨 노래를 부르고 싶었을까? 그 여행이 엄마와 딸이 함께하는 마지막 여행이 될 줄을 알기나 했을까? '일탈'이란 단어를 머리에 쓰고 엄마와 딸은 800년 동안 산 비자나무의 나이테 속 회한을 손으로 더듬으며 무슨 노래를 부르고 싶었을까? 눈시울 붉어진 서로의 눈동자 속에 비치는 모습을 바라보며?

지나간 날들이 아름답고 그립고 아프다는 걸 가을은 제 몸을 다해 선명히 보여준다. 다른 계절에서는 맛볼 수 없는 가을만의 우수. 그 우수 때문에 가을날 헤어진 사람은 평생 가슴에 만추의 그늘을 드리우는지도 모른다.

이런저런 생각에 젖어 있다가 그만 실수로 가장 오래된, 몹시 아끼고 좋아했던 찻잔을 깨뜨리고 말았다. 그 파편들을 하나하나 주워 담으며 눈물을 흘리는 나. 내게는 친구같이 편하고 순했던 찻잔. 너무나 마음이 아프고 슬펐다. 함께 공유한 시간 때문인지 늘 손에 익었던 물건과의 이별은 사람과의 이별만큼이나 쓰라린 감정을 남겼다.

　　점심
　오후가 시작되면서 바람에 찬 기운이 조금씩 더해진다. 나는 읽고 있던 책을 덮고 편한 옷으로 갈아입는다. 시간이 날 때마다 동네 한 바퀴를 도는 습관 때문이다. 나는 내가 사는 동네를 참 좋아한다. 한때는 정말 한적한 동네였으나 지금은 눈에 띄게 번화해졌다. 예쁜 카페와 숍들이 우후죽순으로 늘어나고 곳곳에 진짜 속셈이 무엇인지 모를 갤러리와 박물관들이 들어섰다. 그래도 개발을 앞세운 속된 변화가 아니어서 얼마나 다행스러운지 모른다.

　공원 벤치에 앉아 가을바람을 즐기고 있는데 청설모들이 나무 위를 오르락내리락하며 나뭇잎들을 떨어뜨린다. 벌써 겨울 먹이를 저장하는 것일까?

　어디에선가 꿩 우는 소리가 들려온다. 이 숲에는 이름 모를 새들이 많이 산다. 나는 그 새들의 이름을 다 알지는 못하지만, 더러 이름 아는 새들을 만나면 그렇게 반가울 수가 없다. 그래서인지 식물이나 동물(새와 곤충을 포함한)들의 이름을 잘 아는 사람들을 만나면 우선 고개부터 숙여진다. 나는 그런 사람들과 함께 오래오래 숲길을 걷는 꿈을 자주 꾼다.

 점차 바람이 차가워진다. 차가운 바람을 받으며 혼자 느긋이 걷는 공원길의 적막. 가을빛 석양 같은 그 적막 속에서 나는 아! 하며 온몸으로 그 적막을 껴안는다. 덧없고, 일회용에 불과한 것 같은 내 삶을 껴안는다. 멀리, 불 켜진 내 방이 보인다. 내 노래로 나를 달래는 공간. 방문을 열고 들어서면 사방이 책으로 둘러싸인 소우주. 초라할 정도로 소박하고 조그만 세계. 내가 사는 곳이 보인다.

 그래도 나는 이곳이 좋다. 성공한 사람의 부유하고 정갈한, 품위 있는 큰 서재와는 다른, 가난하고 자유롭고 눈물겨운 생활이 있는 곳. 나는 이곳에서 내가 부르는 노래들이 좋다. 어떤 식으로든 이미 나는 성공하기엔 너무 늦은 뮤지션. 내가 부르는 노래가 록이든 팝이든 펑크이든 유행가이든… 그게 무슨 상관인가. 나는 죽을 때까지 노래하고, 또 노래할 텐데….

저녁

누군가가 후미진 골목길 담 아래에 코스모스를 심어놓았다. 가을의 꽃, 코스모스. 나는 코스모스와 인연이 깊다. 어릴 땐 코스모스 같다(너무 말라깽이인 탓에)는 말을 많이 들었으며, 여중 때는 코스모스를 가슴에 달고 다녔다. 학교 배지가 코스모스였기 때문이다. 그러다 여고 때는 집만 나서면 바로 코스모스 들판(지금은 그 자리에 부산KBS 방송국이 들어서 있다)이 있는 곳에 살았다.

코스모스는 한둘 피어 있을 때보다 군락을 이루고 있을 때가 훨씬 더 아름답고, 보기가 좋다. 그리고 군락 속에 있을 때 그 아름다움이 더 선명하고 뚜렷하게 눈에 들어온다. 신이 맨 먼저 만든 꽃이어서 그런지 코스모스는 아이나 어른보다는 소년, 소녀들과 더 잘 어울린다. 수영산 바로 밑에 있던 공동묘지를 들어내고 그곳에다 지은 학교라, 주변이 온통 코스모스 천지였다.

지금은 어딜 가도 그런 곳을 찾아볼 수가 없다. 자연스레 이루어진 코스모스 들판. 잠자리가 떼 지어 날고 다디단 바람이 온몸을 휘감는 그런 달콤하고 황홀한 야생미!

그때 나는 거의 혼자서 교지인 《코스모스》를 만들었다. 교정을 보기 위해 드나들었던 영세하고 어둡고 비밀스러울 정도로 비좁던 인쇄소. 마치 퍼즐 게임을 하듯 활자를 끼워 맞추며 신기해했던 나. 그때의 그 감동 때문에 아직도 나는 글자에 대한 사랑을 못 버리고 글자판에서 이렇게 놀고 있는 지도 모른다. 가냘프지만 기품 있는 그 긴 코스모스밭을 지나 인쇄소로 가는 길(여고 때도 3년 동안 거의 혼자서 교지를 만들었다)은 언제나 내겐 남모를 커다란 즐거움이었다.

밤

집으로 돌아와 샤워하고 난 뒤, 읽고 있던 책을 다시 펼친다. 『위대한 책들과의 만남』은 미국 영화평론가인 데이비드 덴비가 가을의 나이(불혹)에 다시 컬럼비아대학에서 인문학과 현대문명 강좌를 들으며 쓴 책이다. 나는 휴머니즘적인 믿음을 고수하는 이런 책들이 참 좋다.

좋은 책을 읽어도 누군가와 토론을 하거나 대화할 곳이 없는 내게 이런 책들은 좋은 친구가 된다. 서로의 사유를 솔직하게 비교하고 공감할 수가 있다. 불혹의 나이에 10대 대학생들과 함께 강의를 들으며 자신의 대학 시절의 독서 경향을 회상하고, 수정하고, 반성하며 고전 인문학의 바른 읽기(두 겹으로 사고하는)를 가르쳐주는 책. 나를 이끌어주는 스승도 선배도 없는 내겐 책보다 더 좋은 게 없으므로 나는 날마다 좋은 책을 찾아 도서관엘 가거나 서점을 기웃거린다. 그러곤 아무 데서나 앉아 책을 읽는다.

그렇게 읽은 책들은 내가 되고 내 삶이 되고 내가 쓰는 시가 되어 세상 속으로 스며든다. 그러니 내가 부르는 노래가 저 적막한 가을밤을 울리는 귀뚜라미 울음소리라 한들 무슨 상관이 있겠는가. 모든 노래는 세상을 향해 열리고 열어놓은 문. 세상이 알아주든 안 알아주든 그게 뭐 그리 큰 대수이겠는가!

## 오,
아름다운 가을날

올가을은 유난히 기분이 좋다. 온몸에서 간지럼 타는 웃음이 몽글몽글 피어오른다. 길을 걷다가도 책을 읽다가도 글을 쓰다가도 밥을 먹다가도 창문 사이로 보이는 가을 풍경에, 가을 햇살에, 가을 색채에 한참 시선을 빼앗긴다. 오, 아름다운 가을날!

 이제는 나도 기쁨과 슬픔과 음악을 애써 구별 짓고 싶지 않은, 구별하기 싫은 나이에 이른 것인가. 보이는 것, 느끼는 것, 스치는 모든 것이 하나의 멜로디, 리듬으로 다가와 애잔하게 반짝이고, 눈물겹게 사랑스럽다. 실수투성이, 부끄럽던 지난날들도 볼품없이 망가져 원상 복귀가 힘들었던 그 아픈 시절도 '들꽃 만발한 거친 황야'처럼 있는 그대로의 멋으로 아련하게 다가와, 고질적인 내 모든 트라우마를 이용해 나를 막다른 골목으로 몰아가길 좋아했던 신(神)조차도, 나를 파먹고 배고픈 배를 채우던 일상의 애벌레들까지도, 그 속에서 울며 겨자 먹기식 나태로 대응했던 내 못난 패배감까지도 다 용서가 되고, 나도 모르게 괜찮아, 괜찮아, 다독이게 된다.

내게 있어 봄, 여름, 겨울이 시를 쓰게 하는 계절이라면 가을은 시를 살게 하는 계절인가? 시를 쓰지 않고도 시의 한때를 보내고 있는 것처럼 이토록 몸과 마음이 절절하고, 유연하고, 불꽃이 튀듯 탁탁 튀어 오른다.

늘 반복해서 맞는 계절임에도 올가을엔 유독 '나 자신 지우기'와 '타자와 동행하기'가 잘 된다. 누구를 만나도 설사 그를 평소에 많이 좋아하지 않았음에도 기분이 가라앉거나 편협해지지 않는다. 더 적합한 형용사나 부사, 수식어를 찾지 않아도 먼바다에서 집으로 돌아온 선원처럼 모든 게 새롭게 다가오고 다정하게 느껴진다. 마치 가을이 내게 마법이라도 거는 것처럼 과거도 미래도 없는, 오직 현재만이, 현재의 선량한 풍경만이 나를 사로잡는다. 그곳에서 조금만 시선을 돌리면 지구 곳곳에서 간담이 서늘해지는 크고 작은 장례식들이 '전쟁'과 '이상기후 위기'라는 플래카드를 들고 줄줄이 행진하고 있지만, 그래도 지금 내가 느끼는 가을하늘과 바람, 햇살, 구름은 너무도 아름다워 그 마법에서 깨어나고 싶지 않아 오늘도 나는 가을 벌판을 돌아다니며 오직 절망뿐인 듯한 세상에서 희망을 찾아 헤맨다.

하지만 이 가을도 곧 끝날 것이고, 매일매일 나를 접었다 폈다 하며 산 무수한 시간 속으로 사라지겠지만, 그래도 운이 좋아 몇 편의 시로 남게 된다면 언젠가는 그 속에서 순환의 푸른 잎사귀들이 돋아나겠지. 지구는 둥글고, 어김없이 오, 아름다운 가을날은 또다시 돌아 올 테니까.

# 실비 제르맹

단풍 든 나무들 사이로 가을 햇살이 눈부시게 예쁜 10월 29일, 오후. 나는 교보문고에서 진행하는 '세계작가와의 대화-실비 제르맹' 강연에 참석했다. 평소에 그녀의 글쓰기 자세와 시각을 좋아한 데다 이번 '박경리문학상' 수상도 축하할 겸.

강연장으로 가면서 내가 읽은 그녀의 책들을 떠올려 보았다. 파울 첼란의 시 「죽음의 푸가」를 소설 전면에 깔고 홀로코스트와 그 긴 광기의 그림자가 한 사람에게 어떻게, 어떤 영향을 끼치는가를 한나 아렌트의 '악의 평범성'을 보여주듯 주인공의 궤적을 따라 풀어나간 『마그누스』, 한 거인 여자를 내세워 전쟁이라는 묵시록 안에서 죽어간 사람들, 특히 1942

년, 게토 거리에서 나치의 총에 죽은 폴란드 작가 브루노 슐츠를 비롯해 전쟁이란 이름으로 죽어간 영혼들을 불러내 고통과 연민의 전율과도 같은 감각적인 언어로 애도하며 풀어 쓴『프라하 거리에서 울고 다니는 여자』, 자신의 글쓰기에 대한 고백서인 동시에 강력한 주문서와도 같은『페르소나주』 등등.

한마디로 말하면 그녀는 "적절한 때에 이야기되지 않은 것은 다른 시대가 오면 허구가 된다"는 것을 절감한 듯 역사적 감각을 잃고 역사적 외로움에 고통받는 이들을 위해 그녀만이 독특한 언어와 문체로 인간에게 저질러진 불의와 폭력, 세계에 도사리고 있는 비참과 그 안에서 살아가는 인간 내면에 깃든 악과 고통의 의미를 끊임없이 모색, 탐구, 애도하는 작가다.

강연은 그녀의『페르소나주』를 번역한 류재화 교수와 함께 문답 형식으로 진행되었다. 언어의 음향에 민감한 작가답게 질문자의 질문에 신중히 경청하는 태도와 낱말 하나하나를 허술히 흘려보내지 않는, 언어에 대한 아주 민감한 섬세함과 재치가 돋보이는 대담이었다. 대담 도중 자주 언급되는 팔레스타인 시인인 마흐무드 다르위시와『사탄의 태양 아래서』

를 쓴 조르주 베르나노스와 W. G. 제발트 등은 나도 좋아하는 작가들이라 그녀의 성향과 내 성향이 일치하는 부분엔 나도 모르게 소리 없는 박수를 보냈다.

그리고 더 마음에 드는 건, 강연장을 꽉꽉 채운 젊은이들이었다. 우리나라 젊은이들이 그녀의 글을 참 좋아하는구나. 내심 고맙고 반가웠다. 노벨문학상을 받은 한강의 책이나 실비 제르맹의 책에는 너무도 쉽사리 악과 한패가 되어 인간이 인간을 무참히 살해한 인간 광기의 역사, 그 아픈 역사를 앞으로 어떻게 사유하고 직시하고 넘어서야 하는가에 대한 깊은 성찰, 애도의 마음이 담겨 있다. 하여 나는 젊은이들이 이 책들을 많이 읽었으면 하는 바람이 있다. 비록 그 이면에는 그녀의 말처럼 "진흙 속에 뒹구는 개털같이 구역질 나는 영혼들의 악취가 진동"하고 있을지라도.

강연장을 나오며 그녀가 가장 좋아한다는 마흐무드 다르위시의 시구, "써라, 그래야 존재할 것이다. 읽어라, 그래야 발견할 것이다"를 입속으로 되뇌며 아, 나도 더 많이 사유하고, 읽고, 쓰자고, 10월의 서늘한 밤하늘을 향해 크게 기지개를 켰다.

## 시월을
## 올리버 색스와 함께

시월 한 달을 거의 올리버 색스와 함께 지냈다. 글쓰기에 집중이 잘 안 될 때 읽고 싶은 책들이나 영화를 빌려와 마구마구 뒹굴뒹굴 읽는 버릇 때문이다. 올리버 색스는 내가 좋아하는 신경학 전문의이자 최고의 논픽션 작가이다. 오래전 그의 책 『아내를 모자로 착각한 남자』(신경장애 환자들의 임상 사례를 문학으로 승화시킨 기적 같은 이야기들)를 읽고 나서 나는 바로 그의 팬이 되었다. 그의 책들은 대부분이 그가 진료한 환자들의 임상 사례들이다. 그런데도 정말 재미있고, 뭉클하고, 대담하고, 이 세상이 아닌 딴 세계의 슬픈 동화같이 아름답고 매혹적이다.

나는 마음먹은 참에 빌려온 그의 책들의 페이지를 넘긴다. 그의 자서전인 『온 더 무브』를 비롯해 『깨어남』, 『환각』 『목소리를 보았네』, 『엉클 텅스텐』, 『고맙습니다』 등등. 그리고 그의 마지막 연인이었던 빌 헤이스의 책 『인섬니악 시티: 뉴욕 올리버 색스 그리고 나』까지.

그러면서 나는 사람들이 일반적으로 말하는 '정상'과 '비정상'의 경계들이 내 속에서 스르륵 허물어짐을 느낀다. 그리고 동성애자인 그를 통해 동성애에 대한 머뭇거림 담긴 편견 또한 말끔히 지워짐을 느낀다. 다른 어떤 의사와도 다르고, 다른 어떤 작가와도 다른 그의 생과 글에서 나는 참 많은 걸 새로이 발견하고, 이해하는 기쁨을 맘껏 누린다.

그는 1933년 영국 런던에서 태어나 미국으로 이주, 베스 에이브러햄 병원과 작은 자매회, 알베르트 아인슈타인 의과대학 등에서 많은 환자를 진료했다. 그리고 그 진료 과정들을 모두 글로 남겼다. 그는 글쓰기뿐만 아니라 옥스퍼드 영어사전을 품에 안고 잠자리에 들 정도로 낱말 사랑이 지극해 환자들의 임상 기록뿐만이 아니라 평생 쓴 일기만 해도 천여 권이 넘는다고 한다.

2005년에 진단받았던 희소병 안구 흑색종이 간으로 전이되어 2015년 8월 31일 사망할 때까지 그는 최선을 다해 열정적으로 환자들을 돌보고, 관찰하고, 기록하며 환자들의 인간으로서의 정체성을 회복시키고 인지시키려 많은 노력을 기울였다.

"내게는 흥미롭지 않은 환자, 가치 없는 환자가 없습니다. 그들은 도처에, 생생하고 또렷이 존재합니다. 뭔가 새로운 것을 가르쳐주지 않는 환자, 나도 모르던 내 감정을 일깨우고 새로운 흐름의 사고를 불러일으키지 않는 환자는 지금껏 만나보지 못했습니다"라며 한시도 환자 개개인에 대한 애정 어린 염려와 관심을 소홀히 하지 않았으며 그들이 정신적·육체적 장애를 어떻게 이겨내고 새롭게 적응해 가는지, 그 과정들을, 그 과정들의 희로애락을 빠짐없이 기록으로 남겼다. 그 때문인지 그의 책들은 읽으면 읽을수록 심금을 울린다.

왜 사람들이 그를 '의학계의 계관 시인'이라 칭송하는지 그 이유를 알 것 같다. 그는 이야기의 명수다. 그는 자신에 관한 이야기는 물론 자신을 거쳐 간 모든 환자들의 이야기를 놀라울 정도로 명료하고, 솔직 담백하게 적어 나간다. 한순간도 인간에 대한, 세상에 대한 자신의 견해와 소견을 정직하게 가다듬고자 노력하지 않은 때가 없다.

그래서일까. 그의 책 『깨어남(소생)』을 영화로 만든 페니 마샬 감독의 〈사랑의 기적〉은 다시 보아도 흥미롭고 감동적이다. 로빈 윌리엄스가 그를 모델로 한 세이어 박사로, 로버트 드 니로가 30년 가까이 기면성 뇌염을 앓고 있는 환자로 열연하는, 아주 슬프지만 아주 놀라운 영화. 그 영화를 보면서 그가 얼마나 환자들을 애정 어린 마음으로 대했는지를, 그들을 환자가 아니라 한 인간으로 바라보려 애태웠는지를 알게 된다. 오랫동안 뇌염후증후군을 앓아 몸은 일그러지고, 말하지도 움직이지도 못한 채 더 오랜 세월을 살아가야 하는 사람들…. 언제쯤이면 이러한 신경 장애인들을 말끔히 치료할 수가 있을까? 긴 안타까움과 연민 사이로 슬픈 여운을 남기며 끝나는 영화. 그 영화를 가로지르는 깊은 독백과도 같은 목소리. "그래도 아직 안 죽고 살아 있는 게 얼마나 기뻐요!"

맞는 말이다. '살아 있음'이야말로 가장 큰 사랑이다. 올리버 색스가 그 사랑으로 그 시대, 그 세계를 살아오고, 살아냈듯이 나는 내 사랑으로 이 시대, 이 세계를 살아가고, 살아내야 한다. 그리고 그 모든 사랑을 통해 느끼고, 만나고, 듣고, 말하고, 행하면서 "아직 살아 있어서 정말 고맙습니다!"라고 말할 수 있어야 한다. 그래야만 내가 시월을 올리버 색스와 함께 지낸 나날들이 반짝반짝 빛으로 밝아오리라. 더 고마운 마음으로, 더 사랑하는 마음으로!

# 빈센트 반 고흐

내겐 아주 오래된 나무 의자 하나가 있다. 서울 생활과 함께 시작된, 거의 30년이 훨씬 넘은 의자. 대학 강의실에서 얻어온 의자. 의자 오른편에 달려 있던 책받침용 선반은 톱으로 잘라내어 조금 못생긴 듯한 의자. 빈센트 반 고흐의 그림 속 노란 의자를 닮은. 사람들은 그 의자 좀 버리고 새 의자를 사라고, 볼 때마다 한마디씩 하지만, 나는 이 의자가 세상에서 가장 편하고 정답다. 최신식 회전의자나 푹신푹신한 가죽 의자는 내 체질에도 맞지 않고, 내 취향에도 맞지 않는다. 나는 오래된 것들을 좋아한다. 나와 함께 동고동락한 것들. 내가 쓰는 것은 모두가 낡고 오래된 것들이다. 책상도 그렇고 옷장도 그렇고 책꽂이도 그렇고 내가 입는 옷들도 그렇다. 빈센트 반 고흐의 그림 속 낡은 구두들처럼. 나는 그의 그림들을 참 좋아한다. 그중에서도 〈그림 그리러 가는 화가〉를 특히 더 좋아한다. 그 그림을 좋아해 오래전에 「올리브나무 사이로」라는 시를 쓴 적도 있다.

> 올리브나무 사이로 고흐 씨가 지나간다/ 커다란 밀짚모자를 깊숙이 눌러쓰고/ 물감과 붓, 화판과 받침대를 어깨에 둘러메고/ 아를르의 밀밭을 지나 운하를 지나/ 귓불을 간질이는 산들바람을 지나/ 그림과 그림들로 이어진 끝없는 길을 지나간다// 하늘은 파랗고/ 하늘을 나는 새들은 구름 속에 핀 들꽃처럼/ 평화롭게 흔들리는데/ 고흐 씨가 그림을 그리러/ 저 '먼 옛날, 옛날들'을 거느리고 지나간다/(……)
>
> ―「올리브나무 사이로」 부분

글 쓰는 일에 게으름이 붙거나 글이 잘 안 될 때마다 나는 이 그림을 보며 반성하거나 힘을 얻는다. 화가가 되면서부터 고흐는 쉬지 않고 그림을 그렸다. 아침부터 저녁까지, 뜨거운 지중해의 태양 아래서 밀짚모자 하나만 쓰고, 몇 시간이나 서서 그림을 그렸다. 나는 고흐 씨가 커다란 밀짚모자를 쓰고 그림을 그리러 들판으로 나가는 모습을 상상하면, 나도 모르게 힘이 솟고 콧노래가 나온다. 나도 뭔가를 해야지… 하며, 내가 '고흐의 의자'라고 이름 붙여준 나무 의자에 앉아 노트북을 열거나 읽던 책을 펼친다. 그만큼 고흐는 한 사람의 화가이기보다 내게는 아주 오래된 하나의 장소 같은 사람이다.

어느 책에서, 고흐를 '걸어다니는 종합병원'이라 칭하면서 그가 앓았음직한 병명을 나열한 것을 본 적이 있다. 그 병명이 무려 7가지나 되었다. 간질을 일으키는 측두엽간질, 다른 화가와 달리 늘 밖에서 그림을 그린 탓에 일사병, 물감 살 돈이 없어 직접 안료를 사서 용해하는 과정에서 그것들을 먹은 탓에 납 중독, 귀에 물이 차는 증상인 메니에르병, 즐겨 마신 압생트로 인한 튜온 중독, 그리고 경계성 인격장애와 글쓰기 중독. 그야말로 걸어다니는 종합병원이라 할 만했다. 그럼에도 고흐는 전혀 개의치 않고 열심히 그리고, 읽고, 산책하고, 글(편지)을 썼다.

여고 시절 문고판으로 처음 『고흐의 편지』를 읽었을 때의 그 감동! 탓인지 나는 아직도 '고흐 환상병'에 걸려 있다. '고흐'라는 이름만 떠올려도 마음이 쏴~해지면서 충만하고 따뜻한 기운이 온몸으로 퍼져나간다. 그 시절엔 요즘처럼 화가들의 화집 구하기가 쉽지 않아(아예 출간된 게 없었다), 제대로 된 고흐의 그림을 볼 수 없다가, 맨 처음 고흐의 〈해바라기〉를 보았을 때 무척 놀랐다. 살아 움직이는 듯해서. 그의 모든 그림이 다 그랬다. 〈사이프러스 나무〉나 〈별이 빛나는 밤〉, 〈밤의 테라스〉, 〈까마귀가 나는 밀밭〉 등등은 상상했던 것보다 더 아름답고 강렬하고 신비했다. 특히 〈의자〉와 〈구두〉 시리즈는 감동! 그 자체였다.

그때부터 나는 그가 아를행의 기차에서 내려 죽음의 세계로 떠날 때까지의 그 짧고도 긴 시간들을 훔쳐 와 나의 위안으로 삼고 내 기쁨으로 만들었다. 하루에도 몇 번씩 나는 그가 살던 노린 집 문을 두드리고, 그가 마시던 압생트를 함께 마시고, 그의 노란 의자에 앉아 그가 불붙여주는 담배를 피웠다. 한 번도 그가 살던 아를에 가본 적은 없지만, 해가 떠서 해가 질 때까지 그림만 그렸던 그는 내 꿈의 지도책이다. 나는 그가 선택한 강렬한 빨강과 초록, 노랑의 아름다움과 고통 속에서 나의 언어를 건져내고, 그 언어에 색칠을 했다. 그리고 그의 색채 안에서 언제까지나 그와 함께 있고 싶었다. 세상이 아름다운 건 반 고흐와 같은 예술가들이 재발견해내는 '인간애와 대자연'이 존재하기 때문이라고 말한다면 너무나 추상적인 발언이 될까?

생애 마지막 십 년 동안 하루도 빠짐없이 그림만 그렸던 사람. 그리고 평생을 사람과 자연에 대한 사랑을 놓지 않았던 사람. 언제나 홀로여서 자신의 얼굴을 모델로 세워 그 속에 자신의 비전을 쏟아부었던 사람. 평생 밀레와 같은 농민화가, 민중화가를 꿈꾸었으며, 그 꿈을 버리지 않았던 사람. 비록 그의 삶은 고통과 외로움으로 점철되어 있었지만 언제나 의식은 사랑으로 밝게 깨어 있었던 사람. (커다란 밀짚모자를 쓰고 물감과 붓, 화판과 받침대를 어깨에 둘러메고) 날마다 빛을 향해 온몸으로 걸어갔던 사람. 그는 내게 있어 하나의 장소, 나만의 특별한 장소이다. 한 번도 시공의 한계가 정신의 한계가 된 적이 없는!

# 단순한
# 내 밥상

오늘 점심은 무얼 먹을까? 무얼 먹으면 기운이 좀 날까? 늘 먹는 것 말고 색다른 걸 먹어야 할까? 읽고 있던 책을 덮고 고양이 세수를 하고 집을 나선다. 내가 하는 음식은 늘 그게 그거니 색다른 걸 먹으려면 외식을 할 수밖에. 이곳저곳 음식점 간판들을 기웃거려 본다. 생소한 메뉴는 먹을 줄 몰라 겁이 나고, 아는 메뉴들은 거의 비슷비슷해 구미가 당기지 않는다. 그냥 편의점에서 삼각김밥이나 즉석요리로 때워버릴까? 메뉴를 쉽게 정하지 못하는 사이 옆 동네까지 와버려 다시 돌아가기도 그렇고 또 조금 지치기도 하여 에이, 눈앞에 보이는 생선요리 집으로 들어갔다. 겉보기와 달리 실내는 꽤 쾌적하고 깔끔했다.

사실 배고픈 내게 필요한 건 무슨 거창한 음식도, 놀랄 만큼 특별한 음식도 아닌 건강한 기운을 북돋을 정도의 간단한 한 끼일 뿐인데…. 뭐 대단한 걸 먹어보겠다고 옆 동네까지 걸어와서는 결국 주문한다는 게 생선을 곁들인 가정식 백반이라니.

조금 한심한 마음이 들긴 했지만, 예상외로 음식이 꽤 맛있고, 정갈해 우울했던 기분이 조금씩 펴지고 생기도 제자리로 돌아와 방글거리고 있었다. 한국인은 밥심으로 산다더니, 내가 그 촌스러운 한국인 중 하나였구나. 대대손손 내려온 단순하고 소박한 집밥 같은 걸 먹어야만 힘이 나고 안심이 되는.

이런 나를 보고 『음식의 언어』를 쓴 괴짜 학자 댄 주래프스키는 뭐라 할까? 좀 있어 보이는 프랑스식 메뉴나 이탈리아식 메뉴 앞에선 어떻게 먹는 줄 몰라 몸이 굳어버리는 나를 향해 그는 무어라 말할까? 아마도 내 내면 깊이에 샘솟는 욕망도 이루고자 하는 성취욕도 없다고 개무시하겠지. 아무렴 어때. 애초부터 내겐 샘솟는 음식 욕망도, 요리에 대한 열렬한 관심도 없었는걸. 그렇다고 "사람들이 선호하는 음식이나 먹는 걸 보고 그들이 어떤 존재인지뿐만 아니라 어떤 존재가 되고 싶어 하는지를 알 수 있다"는 그의 이론에 반박할 생각은 전혀 없다. 대부분 맞는 말이고, 나 역시 그런 이유로 헤어진 사람들도 있으니까.

단지 푸르른 가을날, 색다른 걸 먹겠다고 나와서는 그러지 못한 내가 너무 촌스럽고 민망해 구구절절 변명을 늘어놓는 것뿐이다. 내가 봐도 내 의식주는 다른 사람에 비해 티 나게 단순하고 촌스럽다는 걸 잘 알고 있으니까.

그런 의미에서 오늘 저녁 메뉴는 늘 하던 식으로 어패류 된장국과 가지, 오이무침이나 해야겠다. 아무리 내 밥상이 남보다 보잘것없이 단순하고 간단해도 나는 나를 위해, 내 건강을 위해 정성껏 밥상을 차리고, 그 밥상에 고마워하며 언제나 맛나게 먹어왔으니까.

"어느 가난한 집 부엌으로 달재 생선을 진장에 꼿꼿이 지진 것은 맛도 있다는" 백석의 시 「내가 이렇게 외면하고」에 나오는 시구처럼. 그런 마음으로.

햇빛이 눈가루처럼
흩날리는 가을 한낮에

누군가가 물었다. 요즘은 무슨 책을 읽니? 어떤 책이 재미있었니? 그럴 때마다 나는 너무 다양하고 우후죽순 격인 내 독서 목록을 보며 뭐라 대답해야 할지 난감할 때가 많다. 내 독서 취향이 잡독(雜讀)이라, 아, 이 책요! 콕 집어 말하기가 쉽지 않다. 하여 내 대답은 언제나 손쉬운 문학 쪽으로 폴짝 넘어가게 된다.

    요즘은 여성 시인들의 시를 되새김질하고 있어요. 쉼보르스카, 실비아 플라스, 앤 섹스턴, 에이드리언 리치, 오드리 로드, 앤 카슨, 김혜순 시인 등등요. 김혜순 시인은 정말 대단해요. 이미지 위에 이미지를 얹고, 비유 위에 비유를 얹는 솜

씨가 대단해요. 언어 감각이 날로 비상해지는 것 같아요. 즐거운 감탄사를 연발하게 만들어요. 그리고 최근엔 젊은 시인들의 시보다는 옛 시인들의 시들을 많이 읽는 편이에요. 저와 등단 연도가 비슷한 시인들의 시도요. 그들에겐 우정이나 동료애 같은 게 느껴지거든요. 그리고 아직도 저와 함께 시를 쓰고 있다는 게 애잔애잔, 장하기도 해서요. 혹자는 저더러 외국시들을 너무 선호하는 것 아니냐고 하지만 제겐 외국시나 한국시나 다 똑같은 시에요. 애초부터 그런 구별을 두지 않았어요. 제겐 모든 문학이 국경이나 생사를 뛰어넘는 동시성을 띠고 있거든요. 최근 들어 여성 시에 관심을 두는 것은 '삶' 때문이에요. 이들 중엔 젊은 날 자살한 이들도 있어, 그들이 남긴 작품을 읽으며 과연 그들에게 삶은 무엇이며, 삶이 주는 깊은 어둠은 어떤 것이었을까? 내밀히 짚어보고 싶었어요. 어느새 저도 육십을 훌쩍 넘겼잖아요. 그러니 매일매일 디디는 발걸음에 회상의 음영이 깃들어, 그 발걸음으로 남은 생을 어떻게 걸어가야 할까? 그런 갈등과 미로에 빠질 때가 많아요. 하여 앞선 여성 시인들의 시가 많은 도움이 되어요. 그들은 파란만장한 불행 속에서도 시인으로서 시와 함께 걸어간 사람들이니까요. 제겐 그들이 친구 같고 스승 같아요. 몇 분 더 보충한다면 버지니아 울프와 옛 러시아, 독일 쪽 여성들이랑 우리나라 허난설헌을 뺄 수 없겠죠.

제 독서와 글쓰기는 어릴 때부터 혼자 터득한 것이라 체계적이고 논리적이지 못해요. 두서없는 천방지축에 가까워요. 때로는 풍차를 들이받는 돈키호테 같다고나 할까요. 그래서 가방끈이 긴 사람들을 보면 부러울 때가 있어요. 어쩜 저리 똑똑하지? 어쩜 저리 논리적이고 합리적이지? 마치 지식 안에서 멋지게 파도를 타고넘는 서핑 선수들 같아요. 그러니 제가 소개하는 책들에 너무 신경 곤두세우지 마세요. 코로나바이러스 때문에 집콕하며 이것저것 읽은 것들이니까요. 그중 '좋은'이나 '감동'을 떠나 제 취향에 맞았던 책을 몇 권 소개하자면, 페트릭 스벤손의 『삶, 죽음, 그리고 세상에서 가장 신비로운 물고기』, 카를로스 루이스 사폰의 『영혼의 미로』, 아글라야 페테라니의 『아이는 왜 폴렌타 속에서 끓는가』, 룰루 밀러의 『물고기는 존재하지 않는다』에요. 순전히 제 취향 탓이니 맘에 안 들면 읽지 않아도 되어요. 대신 2018년 노벨문학상 수상자인 올가 토카르추크의 『태고의 시간들』만은 강추하고 싶어요. 이 책은 페이지를 넘기면 넘길수록 읽는 재미와 쾌감도 함께 쭉쭉 늘어나거든요. 폴란드의 한 가상마을인 '태고'에 폴란드 역사와 인간의 역사가 지그재그로 맞물리면서 시간과 삶과 기억이라는 옷을 더덕더덕 껴입은 인물들이 다시 그 옷을 하나하나 벗겨내는, 그 개개인의 서사 과정이 어쩜 그리도 원형적이고 방대하고, 구체적이면서도 아름답고 처연한지… 몇 번이나 가슴을 쓸어내렸어요. 정말 놀라운 발견이었어요.

페트릭 스벤손의 책은 뱀장어가 주인공인 에세이 소설로 뱀장어의 세계가, 뱀장어라는 물고기가 이토록 신비하고 독립적이고 은밀한 존재였다는 걸 예전에 미처 몰랐다는 게 너무 아쉽고 억울할 정도였어요. 한 번 읽어보세요. 뱀장어라는 새로운 세계에 팡파르를 터트리게 될 거예요. 카를로스 루이스 사폰은 제가 개인적으로 좋아하는 작가예요. 그의 책은 마치 마트료시카(러시아 인형)를 하나하나 꺼내어 여는 기분이에요. 그만큼 이야기 전개 방식이나 구성이 탄탄하고 재미있어요. 수많은 이야기로 이루어진 하나의 환상처럼 스릴과 흡인력이 아주 강해요. 그런데 그만 2020년, 55세의 젊은 나이로 하늘나라로 떠나버렸어요. 너무 애석해요. 그는 바르셀로나 출신답게 그곳에다 '잊힌 책들의 묘지'라는 근사한 장소를 남겨두었지요. 비록 가상의 장소이긴 하지만. 오래전에 저도 바르셀로나에 간 적이 있는데 단 1초도 지루할 새가 없는 흥미진진한 도시였어요. 그의 책도 그런 재미가 있어요.

아글라야 페테라니의 『아이는 왜 폴렌타 속에서 끓는가』는 루마니아를 탈출한 국립서커스단의 곡예사 가족 이야기에요. 난민으로 여러 나라를 떠돌며 가족 곡예사로 살아가는 어린 소녀의 성장통 자전소설 같은. 하지만 난민 문제를 비롯해 지금 현재의 문제적 요소들이 고스란히 다 담겨 있는 한 편의 슬픈 모놀로그 시집 같은 소설이에요.

룰루 밀러의 『물고기는 존재하지 않는다』는 처음 시작 부분(한 30페이지쯤)만 잘 넘기면 너무, 너무, 너무 재미있는 책이에요. 책을 덮고 나서도 몇 번이나 책을 꼬옥 안게 만들어요. 룰루 밀러라는 작가(과학 전문 기자)도 너무 사랑스럽지만 제가 가장 놀란 건 '우생학'이란 괴물이었어요. 그 괴물이 이 지구와 인간에게 끼친 영향은 정말 주도면밀하고 사악해, 가슴이 찢어지고 파헤쳐지는 듯했어요. 하지만 이 책들을 꼭 다 읽을 필요는 없어요. 제게 물었으니 대답을 한 것이고, 그리고 저는 잘 가다가도 심하게 한눈을 팔다 자주 넘어지고 엎어지는 그런 독서쟁이라, 오늘은 이 책이 좋다고 해놓고, 내일은 조지 오웰의 『동물농장』이나 존 쿳시의 『엘리자베스 코스텔로』를 향해 탄복의 거수경례를 올리고 있을지도 모르니까요.

# 거울 앞에서

거울을 본다. 거울에 비친 얼굴은 이미 젊음을 훨씬 지나 노년의 입구에 와 있다. 나는 그 입구에 서서 알렉산드리아 출신인 그리스 시인 콘스탄티노스 카바피스의 시를 떠올린다.

"몸이여, 기억하라. 그대가 얼마나 사랑받았는지를,/그대가 누웠던 잠자리를, 뿐만 아니라/그대의 눈동자에서 선명히 빛나고/그대의 목소리에서 흔들리던 욕망들을,/우연한 장애물이 헛된 것으로 만들어버린 그 욕망들을./이제 모든 것이 과거의 나락으로 떨어졌으니/그대는 그렇게 굴복하고 말았나 보다./불타오르는 듯한 욕망에./기억하라, 그대를 응시하던 눈동자에서,/그대를 향한 목소리에서 흔들리던 욕망들을,/

기억하라, 몸이여."

「몸이여, 기억하라」는 그 시와 함께 지금의 내 몸이 젊음에 속해 있던 지난날의 내 몸을 뒤돌아본다. 회한의 파노라마처럼 펼쳐지는 지나온 길들. 그 길에서 참 많이 넘어지고, 엎어지고, 나둥그러진 채로 많은 것을 흘려보내고, 놓치고, 잃어버렸지만, 빈손으로 그 무모한 젊음의 욕망에 도전하고, 싸우고, 서로 얼싸안고, 울고, 웃었던 지난날들. 그 쓰라리고 황홀한 흔적들이 지금의 내 몸이 되고, 내 얼굴이 되었다고 생각하니, 못나고 펑퍼짐하고 주름투성이면 어때. 괜찮아, 괜찮아, 이게 진짜 나니까! 저절로 위안이 되고 안심이 되고 남은 나날들이 궁금해지고, 앞으로 좀 더 잘 늙어가야지, 하는 노년의 희망, 노년의 꿈같은 게 생겨나는 듯해 새로운 기운이 솟는다.

비록 젊은 날 불타오르던 욕망들이 '우연한 장애물' 때문에 '나이' 때문에 사그라들고 나락으로 떨어져 버렸다 해도, 그 욕망들 때문에 항상 불타올랐던 시절이 있었다는 것. 노년의 입구에 서니 그 또한 너무나 소중하고 사랑스러운 흔적 같아 거울 속 나는 환하게, 정말 환하게 웃는다. 한 번도 나는 그 불을 끄기 위해 분투한 적 없고, 타오르면 타오르는 대로 그냥 고스란히 불타거나, 타들어 갔으니까.

그러니 내 몸이 기억하는 그대로 나는 자연스럽게, 이대로 계속 늙어가는 나를 정겹고 애틋한 마음으로 지켜봐도 되지 않을까. 그리스 옛 시인의 시구처럼 '몸이여, 기억하라'고 애태우지 않아도, 이 광활한 우주에서 한갓 모래알에 불과한 나, 그 몸속에 담긴 나의 흔적, 내 삶, 내가 온 힘을 기울여 살아온 그 흔적과 기억들이 이 우주보다 더 넓을지 우주엔 비교도 안 될 만큼 작고, 작고, 작을지는 아무도 모르는 일. 그 끝이 무엇이든 어디든 나는 지금까지 니체의 제자(?)답게 '아모르 파티(Amor fati)'로 일관되게 살아왔으니 내 몸이 나를 기억하는 그대로 내 노년 또한 소박하고 치열하게 평온하지 않을까.

항상 문이란 문은 활짝 열어젖히고, 한 번 열린 문은 절대 닫지 않는 아름다운 습관을 가르쳐준 시(詩)와 함께!

# 이루 말할 수 없이
# 넓고 깊은 숲

숲속을 걸어본 적 있는가.

    곧고 잘생긴 키 큰 대나무 숲이든 크고 작은 나무들이 한데 모여 사이좋게 사는 작은 야산이든 숲속을 걸으며, 그 유순하고 순결한 집중력의 향기를 들이마셔 본 적 있는가. 숲으로 들어서면 감정의 제한이라는 게 없어진다. 어떠한 감정도 하찮은 미물에 불과해진다.

    숲이 만든 길을 따라가는 확고하지만 자유로운 발걸음. 숲이 발산해내는 힘찬 생동감. 그 위로 반짝이는 햇살. 나뭇잎을 흔드는 게 아니라 인간의 내면을 흔드는 듯한 바람 소리, 바람 소리….

이상하게도 숲속에서 듣는 바람 소리는 파도 소리를 닮았다. 바람과 비, 햇살과 온갖 동식물의 숨결이 녹아 있기 때문일까? 숲을 걷는 일은 먼 나라로 여행하는 기분과 흥취를 안겨준다. 미래로 떠나는 기운보다는 먼먼 고대로 떠나는 듯한 기운. 그래서 이토록 숲은 신성한 서늘함으로 맑고 비릿하고 따뜻하고 깊은 것일까?

숲을 한번 걸어 보라.
걸어 들어가면 갈수록 숲은 우리를 빨아들일 듯 기쁘게 받아들인다. 저절로 마음이 바깥쪽(외면)에서 안쪽(내면)으로 굽어지며 더욱 다정해지고 깊어지는 걸 느끼게 된다.

숲은 어떠한 숲이든 그 자체로 신성하다. 300년 된 회화나무 한 그루나 600년 된 느티나무 한 그루를 보아도 알 수 있다. 그들은 나무 한 그루로 하나의 숲을 이룬다. 누가 그토록 오랜 세월을 한자리에서 그렇듯 무성하게 자라날 수가 있는가. 그 아래 눈을 감고 한번 서 보라. 비록 한쪽은 죽고 한쪽만 살아 있대도 그들은 성장을 멈추지 않고 무성하게 잎을 피우고 대지 위에 그늘을 드리운다.

그 그늘 밑에 서 보라. 그 오랜 세월을 살아온 나무의 존

엄과 신령함 때문에 자신도 모르게 깊은 탄성을 내뿜게 되리라. 마치 나무에게 나를, 내 속마음을 다 들켜버린 듯 자신도 모르게 저절로 숙연하게 머리가 숙여질 것이다.

　　숲에는 자연을 이루는 모든 것들이 다 살아 숨 쉰다. 하여 숲으로 들어가는 것은 먼 나라로 여행을 떠나는 것처럼 즐겁고 행복하다. 숲의 향기는 그 어떤 향기보다도 오래되었지만 신선하고 싱그럽다. 그 향기를 한번 들이마셔 보라. 온몸이 정화되면서 생성되는 기운을 느끼게 될 것이다. 낡고 헐벗었던 마음이 새롭게 솟구치며 풍요로워지는 것을 실감하게 될 것이다.

　　마음껏 그 풍요를 즐기며 숲과 사랑을 나누어라. 사랑을 나눈다는 건 즐겁게 노는 것. 온 마음 온몸으로 숲을 즐겨라. 우리에게 꿈과 환희의 입김을 되돌려주는 건 자연뿐이다. 나무들 사이로 만들어진 크고 작은 길들을 걸으며 그 길 위에 자신의 내면도 함께 걷게 하는 것만큼 아름다운 행위가 또 어디 있으랴.

　　숲은 언제나 우리와 함께 우리 곁에 있다. 유구한 세월을 혼자 보내고 또 맞이하면서 숲은 언제나 그 자리, 그곳에서 우리를 반긴다. 혼자 소멸과 생성의 순환을 우뚝이 견디며 우리에게 건강한 위안과 평화를 선물한다.

숨을 크게 들이마시고 온몸, 온 마음을 열고 마음껏 숲에서 자신을 낭비하라. 넘치게 숲속의 정기를 빨아들여 몸 구석구석에 재활의 기운이 스며들게 하라.

숲의 마음은 아무리 가져가도 다시 샘솟는 샘물과 같다. 마음껏 숲을 즐기고 사랑하라. 숲은 이루 말할 수 없이 넓고 깊다.

이 넘치는 숲의 아름다움과 쓸모는 그것을 느끼고 즐기는 이들의 것이다.

그 나머지는 눈부시게 피어나는/ 저 나무들에게 들으시기 바란다.

— 법정 스님의 말씀에서

# 레몽 루셀

미셸 푸코와 레몽 크노를 비롯한 많은 작가, 화가, 시인들이 격찬하고 향유한 레몽 루셀(Raymond Roussel, 1877~1933). 그가 1910년에 쓴 『아프리카의 인상』을 이진아 기념도서관에서 빌려왔다. 아, 이런 류의 책은 젊은 시절에 읽었어야 했는데, 그럼 내 글쓰기의 방향도 조금 더 달라졌을 텐데…. 무지 아쉬웠다. 읽을수록 감탄을 자아내는 이 책은 자로 잰 듯이 계획적으로 잘 짜여진, 문장 한 행을 완성하는 데 열다섯 시간 꼴로 작업했다는, 완벽한 건축물 같은 책이었다.

그러나 나는 어릴 때부터 형성된 나쁜 습관대로 모든 책을 소설책 읽듯이 읽는 사람. 그게 의학서이든 법률책이든 인문학책이든 철학책이든 상관없이 줄줄 읽히는 책을 좋아하고, 줄줄 읽어 내릴 때의 그 쾌감을 즐기는 사람. 하지만 이 책은 극도의 상상력이 만들어낸 기발하고 기이한 이야기들로 짜여 있는 데다 동음이의어나 괄호, 인용문 등의 언어 유희적 발상과 활용이 너무 정교하고 의도적이어서 내용을 따라가지 않으면 술술 읽어내기가 힘들었다. 하여 나보다는 프랑스어에 능통한, 좀 더 천재에 가까운 사람들이 읽으면 더 크고 풍성한 대어를 낚아채지 않을까, 생각되었다. 내가 천재로 꼽는 마르셀 뒤샹이 『아프리카의 인상』을 원작으로 한 연극을 관람하고는 깊은 인상과 영감을 받아 〈그녀의 독신자들에게, 까지도, 발가벗겨진 신부〉라는 작품을 창조해내었듯이.

하지만 나는 천재도, 천재가 되고 싶은 사람도 아니어서 그런지 단어 하나하나, 문장 하나하나에 숙고된 메타그람(글자 바꾸기) 기법이 이중삼중으로 얽히고 결합된 첨단의 언어 조작 유희에 감탄의 한숨만 나왔다. 대신 "나는 매 문장마다 피를 흘린다"고 말한 작가의 피맺힌 노고엔 진심으로 경의를 표하고 싶었다. 분명 그의 책 안에는 기호학자, 다다이스트, 초현실주의자, 누보로망 작가들이 환호하고 부러워할 만한 요소들이 곳곳에 장전되어 있었다. 아마 나도 더 젊은 나이에 이 책을 만났다면 야호! 야호! 몇 번이나 환호했을 것이다. 그러나 지금은 그의 놀라운 글쓰기 기법보다는 '레몽 루셀'이라는 한 인간에게 훨씬 더 큰 흥미와 구미가 당겼다.

그는 엄청난 유산을 물려받은 부자로, 그야말로 大부르주아 집안 출신으로, 평생을 초호화판으로 살았다고 한다. 나 같은 사람은 감히 꿈도 못 꿀 정도로 대단한 사치와 풍요를 마음껏 누리고, 누리며. 외출 전 몸단장하는 데만 2시간이 걸릴 정도로 꼼꼼한 멋쟁이였으며, 한 번 쓴 칼라(옷깃)는 즉각 버렸으며, 아무리 비싼 넥타이와 셔츠도 세 번 이상 입지 않았으며 양복, 외투, 모자 멜빵 등은 숫자를 표시해가며 열다섯 번 이상은 절대 사용하지 않았다고 한다. 매번 발표하는 문학작품마다 세간의 야유와 조롱과 혹평에 시달렸으나 그가 누린 부와 기행은 사람들의 부러움과 감탄을 자아냈다. 살롱과 침실과 부엌은 물론 운전기사와 하인들의 방까지 갖춰져 있는 대형 캠핑카를 끌고 다녔으며, 어머니의 사체를 방부 처리하여 관 뚜껑에 유리창을 내어 마지막 순간까지 그 얼굴을 바라보고 또 바라보았으며, 특별열차를 세내어 가족, 하인, 의사, 초대 손님들은 물론 개까지 싣고 다녔으며, 자신이 동성애자인 걸 속이기 위해 죽기 전까지 어딜 가든 샤를로트 뒤프렌이란 여성을 동반했으며, 세상에 없는 글자 하나를 인쇄해 내기 위해 어마어마한 돈을 식자공에게 지불해 책을 제작하게 했으며… 등등의, 뭔가 기이하면서도 광적인 그의 행보! 그것만으로도 충분히 후대 작가들의 열광과 찬탄과 시샘을 불러낼 수 있지 않았을까?

어쨌든 그는 글쓰기에서도 삶에서도 분명 시대를 앞서 간 작가임에는 틀림없다. 그럼에도 그는 1933년 팔레르모의 한 호텔에서 바르비투르산제(수면제) 과다복용으로 죽을 때까지도, 그토록 원하고 꿈꾸었던 문학적 영광은 한 번도 누리지 못했다. 그가 다시 문학적으로 되살아 난 것은 1963년 미셸 푸코가 쓴 그의 평전 때문이다. 그는 그 평전 때문에 다시 살아나, 많은 이들의 관심을 받으며 생전에도 사후에도 죽은 듯 잠자고 있던 그의 책들이 재출간되는 영광을 누렸다.

그가 죽고 난 뒤에 공개된 『나는 내 책 몇 권을 어떻게 썼는가』(1963년)에서도 볼 수 있듯이 그는 그가 평생 추구한 동음이의어와 메타그람적 상상력 위에 새로운 글쓰기의 지평을 맘껏 열어놓았다. 그때나 지금이나 여전히, 전혀 어떤 유행도 따르지 않은 채, 무수히 많은 태양 아래 홀로 불타오르는 언어의 검은 태양이 되어!

## 시인이 개구리가 무섭다니

엘리너 와크텔의 『인터뷰, 당신과 나의 희곡-세계적인 작가 15인을 만나다』를 읽고 있다. 15인의 작가 중에는 내가 좋아하는 작가들도 있고, 새롭게 만나는 작가들도 있다. 반은 알고, 반은 모른다가 맞을 것이다. 이 책을 읽기 시작한 건 며칠 전이지만 오늘은 셰이머스 히니 편을 읽는 중이다. 셰이머스 히니는 아일랜드인으로 1995년에 노벨문학상을 수상한 시인이다. 내 책꽂이에도 그의 시선집이 꽂혀 있다. 그때 처음 접한 시편 중 「땅파기」를 처음 읽었을 때의 감동과 신선함은 지금도 여전히 내 가슴에 남아 있다. 특히 그 시의 마지막 연인 "내 검지와 엄지 사이/ 몽당연필이 놓여 있다./ 나는 이것으로 땅을 파겠다"는, 농부인 선조들의 삽이나 쟁기 대신 자신은 시인의 펜으로 땅(세상)을 파겠다는 각오가 담긴 위대한 시.

그런 시인이, 아일랜드에선 워낙 유명하고 애독자가 많아 '히니보퍼'라고 불린다는 그 덩치 큰 시인이, 그것도 대대로 땅을 파고 살아온 자랑스러운 농부의 아들인 시인이 쥐나 개구리알을 무서워한다는 데에서 나도 모르게 웃음이 하하하! 터져 나왔다.

내가 작가(그림책 작가들을 포함)나 시인, 화가들의 인터뷰 글을 좋아하는 이유도 이런 사소한 것들을 알게 되는 기쁨 때문이다. 물론 최고 큰 이유는 작품에 대한 그들의 남다른 열정을 엿보고 그 매혹에 빠져드는 것이지만. 그래도 그들의 작고 사소한 트라우마 혹은 독특한 취향이나 습관, 목소리 톤 등은 심리적으로, 인간적으로 그들의 작품을 이해하는 데 큰 도움이 되기에 나로선 일거양득인 셈이다. 때로는 그 때문에 내 삶을 대하는 데 있어 크고 작은 지혜가 되기도 하니까.

셰이머스 히니도 마찬가지다. 제일 큰 선물은 평생 읽어도 다 읽지 못할, 그의 너무나 방대하고 걸작인 시편들이겠지만, 그가 북아일랜드 카운티 데리의 모스본 농장, 그것도 초가지붕(나는 우리나라만 초가집이 있는 줄 알았는데 아니어서 그 점도 좋았다)에 회반죽을 바른 시골집에서 태어나 자란 전형적인 아일랜드 농부의 아들로서 그 전통을 올곧게 이어받아 땅을 파고 일구듯 자신만의 시 세계를 전방위로 심화, 확장해 나갔다는 점이다. 마치 한 발, 한 발, 무한을 향해 나아가듯. 하여 그가 영향받은 시인으로 테드 휴즈를 지목했을 때 이유를 알 것 같았다. 사실 나는 젊었을 때는 실비아 플라스 때문에 테드 휴즈를 조금 언짢게 생각했는데, 지금은 시인으로서 사물에 대한 그의 날카롭고 역동적이고 섬세한 묘사에 크게 감동하고 있다. 그래도 시적 감동은 시적 감동이고, 애착과 연민이 가는 쪽은 여전히 실비아 플라스 쪽이다. 꼭 시를 잘 쓰고 인정받는 시인만이 매혹적인 건 아니니까.

그러나 셰이머스 히니는 인간적으로도 무척 호감이 가는, 땅과 농기구 같은 사람이다. 평생 자신이 쓴 모든 글에 대해, 그게 오해나 부정적 평가를 받든 혹은 나쁜 글이든 좋은 글이든, 자신의 내면 깊이에서 저절로 우러나온 것이기에, 고치거나 없애고 싶은 생각은 전혀, 추호도 없다는 인터뷰 글만 보아도 그가 얼마나 자신에게 솔직하고 정직하게 쓰는가를 알 수 있다. 나는 작가들의 이런 고집이 참 좋다. 이건 자신만만한 것과는 다르다. 자신의 삶에서 나온 모든 것을 당당하고 성실하게 바라보고 사랑하고 있다는 겸손한 믿음에서 나오는 말이다. 그래야만 자신의 삶 이상을, 그 너머에까지 나아갈 수 있으니까.

그런데 왜 그는 귀여운 개구리들을 무서워하지? 무척 궁금했는데 그의 시 「자연주의자의 죽음」을 읽고는 아하! 이해되었다. 그가 무서워하는 개구리는 우리도 싫어하고 무서워하는 황소개구리였다. 우리나라 개구리가 아닌 외국에서 수입한 개구리. 만약 그게 황소개구리가 아니고 우리나라 청개구리였다면 영원히 왜? 어떻게 그 귀여운 개구리를? 왜지? 로 남았을 텐데. 황소개구리는 은유든 상징이든 이미지든 상관없이 상상만으로도 다른 개구리에 비해 훨씬 더 징그럽고, 포악하고, 끔찍한 건 사실이니까!

김상미의 감성엽서

# 겨울

하나, 둘, 셋 점프, 점프!

점프는 내 새해 희망 중 하나다. 남달리 몸치라 높이높이 뛰어오르지는 못하지만, 점프는 어릴 때부터 가장 좋아했던 동작 중 하나. 그 소중한 점프를 잊고 살았는데.

오랜만에 하나, 둘, 셋 점프! 점프해 본다. 구겨진 온몸이 활짝 펴지는 듯한 상쾌함이 온몸으로 밀려와 저절로 웃음이 삐져나온다. 역시 점프는 사람을 온몸으로 웃게 만드는 훌륭한 동작이다. 폴짝! 뛰어오르는 그 행위만으로도 내가 무한정 자유롭게 확장되는 해방감! 심리적으로도 환하게 울창해지는 기분이다.

그래, 새해에는 점프하는 여자가 되자. 내 몸을 웃게 하면 내 마음도 웃게 되고, 그러다 보면 오래 잊고 있었던 명랑과 화창도 되찾을 수 있으리라.

이 힘든 시대, 마음 제대로 붙일 데 하나 없는 시대. 재미로라도 점프, 점프, 점프하면서 잠깐이라도 몸과 마음을 절박에서 풀어주고, 그 해방감에 함께 웃고, 웃게 해주자. 웃으면 복이 온다는 그 말까지 다 끌어안고, 모두에게 자신이 아직도 이곳에 살아 있음을 생생하게 보여주자. 하나, 둘, 셋 점프, 점프!

# 술이라는
# 정공법

마감이 내일모렌데 아무리 몸부림을 쳐도 글이 잘 써지지 않았다. 이럴 때 다른 사람들은 어떻게 할까? 초조히 밤하늘만 바라보는데 문득, 『길 위에서』의 작가 잭 케루악의 말이 떠올랐다. "글이 쓰고 싶으면 술에 취한, 극도의 흥분상태로 책상에 가 앉아라. 그리고 재즈 연주가들처럼 즉흥 연주를 하라"던 그 말이. 맞아, 술! 그래, 술을 마셔보자. 한 2년 가까이 술을 피해 다녀 어쩜 내 가슴이 메말라 버렸는지도 몰라. 케루악도 술에 취해 즉흥적 재즈 스타일(bop 운율)로 5년 사이에 열두 권의 소설을 써냈고, 프랜시스 베이컨도 보름 동안 끔찍한 만취와 숙취를 오가면서 〈십자가에 못 박힌 예수〉를 그렸으며, 마르그리트 뒤라스도 매일 포도주를 6리터씩 마셔가며

『죽음의 병』을 완성하지 않았는가. 그래, 글이 안 될 땐 술기운으로라도 무의식을 마구 헤집어 보는 것도 괜찮을 거야. 그리고 이왕에 마실 거면 실험 삼아 밤새도록 한번 마셔보는 거야. 정말 내게도 그런 현상이 일어나는지….

나는 새벽 2시가 가까운 시간임에도 불구하고 총알같이 안국역 근처에 있는 24시 편의점으로 달려갔다. 그리곤 참이슬 5병을 사 왔다. 마치 거창한 일이라도 꾸미는 듯 신나하면서 술상을 차리기 전에 목욕재계부터 했다. 그러곤 큰일을 앞둔 사람처럼 엄숙하게 술상 앞에 앉았다. 오랜만에 술을 대하니 갑자기 목이 뻣뻣해지는 듯했지만 개의치 않고 원샷!을 외치며 눈 딱 감고 첫 잔을 목으로 부어 넣었다. 아, 쓰다! 그래도 기분은 좋았다. 무슨 일이든 처음 두세 번이 어렵지 그 다음부터는 제법 술이 술술 잘 넘어갔다. 취기가 오르고 아드레날린이 솟구치면서 자세가 흐트러지고, 어느새 나는 술기운에 사각사각 씹혀 들고 있었다. 그동안 쌓인 분노, 아픔, 쓰라림, 미운 얼굴, 고운 얼굴들이 파노라마처럼 펼쳐졌다 사라지면서 나를 소리치고, 울고, 웃고, 중얼거리게 하며 밤새도록 쇼 아닌 쇼를 벌이게 했다. 그래도 무지무지 편하고 시원했다. 무엇보다도 내 말에 상처받을 사람도 화낼 사람도 놀릴 사람도 없다는 게 너무 좋고 신선했다. 그렇게 소주 3병을 비우고, 드디어 책상 앞으로 가 글을 써야지, 하며 일어서려다 나는 그만 그 자리에 쓰러지고 말았다. 그대로 쭉 — 뻗어버린 것이다. 겨우 소주 3병에!

요란한 전화벨 소리에 힘겹게 눈을 떴을 땐 이미 하루가 지나 있었다. 방안은 술 냄새로 진동하고 온종일 돌아간 보일러 때문에 후텁지근했다. 무섭게 백열하는 느낌이 머리와 배를 쓰라리게 찔러댔지만 나는 대강 세수를 하고 컴퓨터 앞에 앉았다. 무엇이든 써보자. 재즈 연주가들처럼 맘껏 즉흥 연주를 해보자. 나는 컴퓨터 앞에 앉아 자판을 두드렸다. 신기하게도 내 손가락들 사이에서 언어의 새싹들이 빠르게 움터오는 소리가 들리는 듯했다. 아, 이래서 사람들이 술을 찾고, 때로는 술이라는 정공법에 자신을 송두리째 내맡기는 것이구나. 어린아이 손에 쥐어진 위험천만한 성냥개비처럼!

# 승마

서울 지하철 3호선 경복궁역에 가면 화강석으로 만든 신라시대 '기마인물상'을 볼 수 있다. 이 〈기마인물형토기〉는 1924년 경주시 금령총에서 한 쌍(주인과 시종)으로 출토된 것으로 국보 제91호로 지정되었다.

 경복궁역에 설치한 기마상은 그중 시종에 해당하는 인물을 좀 더 큰 크기로 재현시켜 놓은 것이다. 상투머리에 수건을 동여매고 상체는 벗은 채로 오른손에는 요령을 들고 어깨엔 괴나리봇짐을 메고 있는 모습이다. 특이하고 재미있는 건 말 뒤쪽과 앞쪽에 긴 대롱 같은 귀때가 달려 있어 언뜻 보면 마치 말이 움직이고 있는 듯 보인다. 그 아래 설명 문구를 보면 "기마인물형토기(신라 5~6세기) 하인으로 보이는 기마인물형토기로서 신라시대의 복식과 기마 풍습, 마구의 격식 등을 볼 수 있으며 동시대의 양반으로 보이는 기마인물상과 한 쌍으로 출토되었음"이라고 적혀 있다.

아마도 이 기마상을 이곳에 둔 것은 경복궁 일대와 국립민속박물관 등을 찾는 관광객들은 물론 우리에게도 신라인들의 장례 모습과 함께 우리 민족이 기마민족의 후예라는 걸 알리기 위해서일 것이다. 그 때문인지 어쩌다 이 기마상과 마주칠 때면 묘하게 기분이 좋아진다. 내가 기마민족의 후예라는 것도 맘에 들고, 짧은 순간이나마 삶과 죽음의 경계를 넘어, 그 시대에 요령을 흔들며 상여를 인도했던 이 기마상과 마주하고 있다는 것이 참으로 놀랍고 신기하고 벅차기 때문이다. 그 시절엔 장례 의식에도 말을 이용할 정도로 말이 일반화되어 있었다는 게 새삼 부럽고, 멋져 보였다. 내가 이 기마상을 눈여겨본 것도 '말' 때문이었으니까.

그만큼 나는 세상 모든 달리는 것들에게 혼을 잘 빼앗긴다. 사람도 잘 달리는 사람들이 좋아 올림픽 기간 때면 육상경기에서 눈을 떼지 못한다. 그 때문에 구기 종목 중에서도 축구를 제일 좋아하고 경주마들을 보면 가슴부터 쿵쾅거리는

지도 모른다. 이상하게도 나는 다른 동물 그림들보다 말 그림들이 좋았다. 말 그림만 보면 기분이 좋아지고, 마음이 저절로 활짝 웃는 걸 느낀다. 한때는 김점선의 말 그림에 빠져 살았으며, 마리노 마리니의 힘찬 말 조각품 앞에선 그곳을 떠나기 싫어 한참을 배회한 적도 있다.

그리고 돈키호테의 말, 로시난테의 그림은 오랫동안 와락 끌어안는 마음으로 벽에 붙여놓은 적이 있고, 프란츠 마르크의 그림 〈파란 망아지〉를 만났을 땐 그 파란 빛이 주는 아름다움과 신비한 색감에 흥분되어 그 비싼 화집을 그 자리에서 사버린 적도 있다. 그가 칸딘스키와 함께 '청기사' 그룹을 만들었을 땐 나도 타임머신을 타고 그들과 합류하고 싶었다. 파란색을 너무너무 좋아해 파란 말을 타고 다닌 파란 기사들. 상상만 해도 행복지수가 무한정 치솟았다.

몽골에서 말을 타 본 적이 있다. 처음 말을 타보는 기회여서 두려움 반 설렘 반으로 말 주인이 시키는 대로 말 위에 올라탔다. 등과 어깨를 곧게 펴고 균형을 잘 잡고 다리는 최대한 안쪽으로 모으고 말고삐를 알맞게 쥐었다. 말이 움직이기 시작하자 몽골의 드넓은 바람들이 모두 내게로 쏠리는 듯 기분이 정말 상쾌했다. 아, 이런 게 말 타는 기분이구나! 내가 아주 기품 있고 우아해지는 느낌이었다. 나는 말을 타고 평지는 물론 근처에 있는 제법 높은 사막 꼭대기까지 올라갔다가 내려왔다. 그때의 스릴과 긴장감은 뭐라 말할 수 없는 매혹이었다.

    아, 말을 탄다는 게 이토록 감동적이라니, 다시 태어나면 꼭 승마를 배워야지. 그러자 자연스레 몽테뉴가 떠올랐다. 몽테뉴는 어딜 가든 마차를 타지 않고 말을 탔다. 담석증을 앓는 몸임에도 불구하고 말이다. 심지어는 스위스와 독일을 거쳐 로마까지 여행하는 대장정에도 말을 탔다. 그의 『수상록』 제3권 9장에 보면 "나는 담석증을 앓는 몸인데도 말을 한번 타면 내릴 줄 모르고 여덟 시간이나 열 시간이 지나도 물리는 법이 없다"고 적혀 있다. 비록 아주 짧은 시간이었지만 말 위에 올라 보니 몽테뉴의 그 말을 이해할 수 있을 것 같다.

    말타기에는 육체적 즐거움과 정신적 기쁨이 함께 공존했다. 말의 움직임과 리듬만 잘 따라가면 머릿속이 환하게 맑아지며 세상이 한눈에 다 보이는 듯했다. 그만큼 승마는 명상에 아주 좋은 비법한 운동이라고 한다. 그 때문에 몽테뉴도 말 위에서, 말과 함께 그런 주옥같은 『수상록』을 쓸 수 있었는지도 모른다. 다시 태어나면 꼭 승마를 배우고 싶다. 말을 타고 멀리멀리 아주 멀리로, 내가 좋아하는 베르나르 마리 콜테스처럼—아주 멀리 도시 속으로 말을 타고 달아나고 싶다.

# 그림책 수업

나는 그림책 마니아다. 모으는 게 아니라 읽기 마니아. 도서관에 가면 꼭 어린이실에 들러 몇 권의 그림책을 읽고 나온다. 오늘은 토미 웅거러의 그림책을 빌리기 위해 도서관을 찾았다. 경기도 수원의 한 초등학교에서 토미 웅거러의 그림책 중 『못 말리는 음악가 트레몰로』를 들려줄 예정이므로, 그에 대한 파워포인트(PPT) 자료를 만들기 위해서다.

토미 웅거러의 세계적 명성 때문인지 우리나라엔 그의 그림책들이 아주 많이 번역되어 있다. 나는 토미 웅거러뿐만 아니라 안 에르보, 조엘 졸리베, 이치카와 사토미, 이세 히데코, 키티 크라우더, 에르베 튈레, 이수지, 이상희, 류재수 등의 그림책도 참 좋아한다. 아, 그리고 피카소가 '제2의 레오나르도 다빈치'라 칭한 세계적인 디자이너 브루노 무나리의 그림도 참 좋아한다. 그림책은 부피도 크고 책값도 비싸서 나 같은 가난한 시인이 사서 모으기는 힘들다. 하여 좋은 그림책이 출간되면 도서관으로 달려간다. 내가 언제나 도서관 근처에 사는 것도 그 때문이다.

때로는 하루의 반을 어린이실에서 그림책을 보며 지낼 때도 있다. 내가 어렸을 때도 이런 그림책들이 있었다면 아마도 내 인생이 좀 더 달라지지 않았을까. 그만큼 그림책이 내게 주는 즐거움은 아주 크다. 내가 이렇듯 그림책에 빠져든 것은 오래전, 어린이에게 좋은 그림책 선정을 몇 년간 한 적이 있었는데, 그때부터인 것 같다. 그 이전엔 이토록 좋은 그림책들이 우리나라에 많이 번역되고 있는 줄을 몰랐다. 한 달에 5권씩 출판사에서 보내주는 책을 읽고 3권씩 선정하는 작업이었는데 그때 그림책이 주는 재미와 효능에 반해버린 것 같다. 그래서 그 책들을 모두 모아 두었는데(나중에 어릴 때 자주 갔던 만화방 같은 그런 소박한 어린이도서관을 만들고 싶은 욕심에^^), 여러 번 이사하면서 거의 다 동네 아이들에게 나누어주었다. 남은 그림책은 이제 몇 권밖에 없다.

그림책을 가지고 정독도서관에서 시 창작수업과 독서 지도를 해보았는데 의외로 반응이 좋았다. 단순히 그림책은 아이들이 보는 책이라고 생각했던 어른들이 그림책이 주는 깊은 성찰과 행복감에 많이들 놀라워했다. 그림책에는 내가, 우리가 잃어가거나 잃어버린 것들이 다 들어 있다. 어린이의 마음뿐만 아니라 어른이 지녀야 할 품성과 자세, 사물에 대한 새로운 시각, 그리고 발상의 전환과 밝고 순한 에너지들이 가득 차 있다.

언젠가 나는 이세 히데코의 그림책 『나의 형, 빈센트』로 빈센트 반 고흐에 대한 수업을 한 적이 있는데, 모두가 정말 좋아했다. 이세 히데코는 글도 잘 쓰지만 그림도 정말 좋다. 오래전에 읽었던 그녀의 그림책 『나의 를리외르 아저씨』는 지금 봐도 감동적이다. 나는 어린이뿐만 아니라 청소년과 어른도 그림책을 즐겨 읽었으면 좋겠다.

시인이나 작가들의 글로 만들어진 그림책들도 많다. 블레즈 상드라르의 시를 가지고 마샤 브라운이 그림을 그린 『그림자』는 정말 아름답다. 페이지를 넘길 때마다 그림자의 원초적 이미지들이 하나하나 살아나 속삭이는 듯해 놀랄 것이다. 그리고 주제 사라마구의 '물' 이미지를 심도 있게 표현한 『물의 침묵』과 막스 에른스트 얀들과 프로스트의 시로 만든 그림책들, 테드 휴즈의 『무쇠인간』, 실비아 플라스가 직접 그리고 쓴 『실비아 플라스 동화집』 등등. 도서관을 뒤지면 정말 귀한 보석들이 곳곳에 숨어 있다.

아이들뿐만 아니라 우리 자신을 위해서라도, 진정으로 무엇을 찾지 않으면 아무것도 발견할 수가 없다. 모든 예술과 작품은 궁극적으로 발견하는 데 있다. 그리고 그것은 찾아 나선 사람만이 발견할 수 있다. 그러려면 부지런해야 하고, 눈이 밝아야 한다. 좋은 그림책은 인간과 사물에 대한 관찰력을 키워주고 자신이 놓치고 있었던 자신의 아름다움을 발견하게 해준다. 그리고 새로운 아이디어는 물론 무엇보다도 선입견과 고정관념에서 자유롭게 해준다. 하여 진심으로 사람을, 삶을 사랑하게 도와준다.

나는 토미 웅거러의 그림책 『못 말리는 음악가 트레몰로』와 『크릭터』를 빌려 도서관을 나온다. 어느새 어둠이 지상을 덮고 있다. 오늘 밤은 이 책들로 아이들을 위해 PPT 작업을 해야 한다. 아이들이 이 책을 읽고 어떤 생각들을 할지 벌써부터 마음이 설렌다.

## 다정한 함박눈이 펑펑
-시인 최승자

누군가가 물었다. 너는 왜 그리 최승자 시인을 좋아하느냐고. 그럴 때마다 내 대답은 한결같았다. 그냥 좋아. 마냥 좋아. 그녀의 시를 읽고 있으면 내 안에 있는 모든 것들이 일제히 활활 타올라 펑펑 터지는 것 같아. 그만큼 그녀의 시어들은 강렬하고 처절해. 정말 놀라울 정도로 언어들을 잘 다뤄. 그녀의 작품세계가 아무리 끔찍할 정도로 어둡고 적나라하게 자신을 찢어발기고 절망의 극한에까지 치닫고 있어도 적재적소에 탁월하게 잘 배치된 그녀의 언어 능력, 언어 내공으로 인해 오히려 깊은 절망보다는 독특한 매혹과 신비를 느끼게 돼. 그녀는 이 세계에 시인 최승자라는 자신의 위치를 당당히 확립하고 우뚝 서 있어. 시 자체는 자학에 가까울 정도로 난폭하고 냉소적이고 절망적인데도 시 속의 최승자는 아주 곧고 명료하고 자유로워 보여. "나는 불확실한 희망보다는 언제나 확실한 절망을 택했다"고 그녀 스스로 말했듯이 절망의 극한에서 일으키는 스파크, 그 전율만큼 큰 카타르시스는 없을 테니까.

　20대 중반, 그녀의 첫 시집『이 시대의 사랑』을 읽었을 때, 나는 나도 모르게 그 시집을 끌어안았어. 그러곤 그때부터 쭉 그녀의 팬이 되었어. 자유롭게 자신이 쓰고 싶은 것을 쓸 것. 자신의 시어를 계산하거나 실험하지 말고, 자신의 삶이 선택한 언어로 자신 있게 솔직하게 쓸 것. 시 속에선 아무리 절망스러워도 절대 웅크리거나 주눅 들지 말고 어떤 경우든 나약하고 감상적인 패배자인 척해선 안 된다는 걸 그녀의 시에서 배웠어. 그런 멋진 시인을 어떻게 안 좋아할 수 있겠어.

　1990년《작가세계》를 통해 내가 시인이라는 이름표를 달았을 때, 맨 먼저 보고 싶은 시인이 최승자 시인이었으나 그녀는 어떤 모임에도 잘 나오지 않아 그녀를 볼 기회는 하늘의 별 따기였어.

시력 33년이 되는 지금까지도 최승자 시인을 가까이에서 본 건 딱 세 번뿐이야. 두 번은 어느 문학 행사장에서, 한 번은 그녀가 지리산문학상을 수상(2010년)할 때였어. 최승자 시인의 첫 문학상 수상 자리라 다른 일 제쳐두고 함양행 버스를 탔어. 내가 상을 받는 것보다 더 기뻤어. 이런 전설적인 시인이 이제야 상을 받다니, 마음껏 축하해주고 싶었어.

소문에 의하면 그녀는 초자연적 신비주의(여러 가지 상징 체계들, 음양오행론, 서양 점성술, 타로 카드, 카발라 등등)에 너무 탐닉해 정신질환을 앓고 있다고 했어. 그럼에도 시상식장에서 만난 최승자 시인은 상상했던 것보다 건강해 보였어. 무척 마르고 초췌하긴 했지만 단정하고 깔끔했어. 헐렁한 청재킷과 청바지를 입었는데, 어쩜 그리도 잘 어울리는지…, 패션 감각도 뛰어나 보였어. 가까이에서 본 그녀는 정말 똑똑하고 솔직하고 명료한 사람이었어. 내면 깊이 명랑과 맹랑이, 따뜻함과 냉소가 들숨과 날숨처럼 천진스레 공존하는, 시인 그 자체였어. 평범하게 살았으면 누구보다도 귀엽고, 사랑스럽고, 유머러스한 사람이 되었을 거야. 어디에도 노련한 사냥꾼이나 추적자, 낚시꾼의 면모는 없었어. 앞뒤가 따로 없는 순수한 사람이라 그토록 치열하게, 주저없이, 치명적으로 자신을 극한으로까지 몰고 갈 수 있었을 거야.

그녀는 1979년 《문학과 지성》으로 등단해 8권의 시집과 2권의 산문집, 다수의 번역서를 냈어. 그녀의 산문집 2권이 출판사 난다에서 복간이 되어 반갑게 읽었어. 1994년 아이오와대학 초청으로 4개월간 미국에 체류하면서 쓴 일기문인 『어떤 나무들은』과 1995년부터 2013년까지의 기록인 『한 게으른 시인의 이야기』야. 너무너무 좋아. 최승자 시인의 인간됨됨이와 시인의 자세, 삶의 태도가 고스란히 다 담겨 있어. 한 번 읽어봐. 그 두 책을 읽고도 최승자라는 시인을 안 좋아하고 배길 수 있는지!

책 속의 그녀는 정말 재밌고 사랑스러워. 의외로 요리도 잘하고 재봉과 옷 디자인에도 능해. 그리고 무엇보다도 용감해. 이런 시대에, 그것도 여자 혼자서 용감하게 산다는 건 정말 힘들잖아. 그녀는 그걸 언어로 보여주었어. 그 모든 고통과 비통을 아름다운 시로 바꾸어 놓았어. 언제나 자신이 서 있는 곳이 어딘지, 무엇을 하는지 직시하기 위해 끊임없이 책을 읽고, 끊임없이 사유하고, 끊임없이 관찰하고, 끊임없이 공부해.

그녀가 세상과 맞서 싸운 멋진 '가위눌림춤'으로 대산문학상을 받는 걸 보면서 이제는 되었다! 라는 생각이 들었어.

살아 있는 한 그녀는 계속 글을 쓸 테니까. 쓰고 말 테니까. 하여 오늘 밤 글 쓰는 그녀 펜 위로 다정한 함박눈이 펑펑 쏟아졌으면 좋겠어. 승자, 승자, 최승자, 파이팅! 하면서!

# 책 귀신들

부산에 사는 내 모든 친구야, 안녕! 나는 지금 서울 종로구 화동에 살아. 정독도서관이 있고, 아직은 그래도 골목들이 예쁘게 싱싱하게 정답게 살아 있는 동네. 그곳에 살아. 나는 종로구가 참 좋아. 지금은 관광명소가 되어 복작복작 붐비고 있지만 옛 왕조의 흔적이 곳곳에 남아 있어 그런지 아름답고 슬프고 뛰어난 성깔 있는 귀신들이 가장 많이 살고 있는 곳이기도 해. 문득문득 그들과 마주치는 것이 참 재미있고 즐거워. 나는 귀신들을 좋아하거든. 귀신들 중에서도 책 귀신들을 가장 좋아해. 그래서 아직까지도 도서관 근처에 꼼짝 않고 사는지도 몰라.

오늘도 나는 사라진 책들의 이야기를 읽고 있어. 지상에서 사라진, 죽어버린 책들의 이야기. 조금 더 있으면 나도 이 지상에서 사라질 나이에 가까워져서 그런지 요즘 나는 '사라짐'에 대한 생각을 좀 많이 하는 편이야. 내가 사라지면 남아있는 저 많은 책들은 어쩌지? 아직 읽지 못한 책들에 대한 강박관념이 나를 좀 힘들게 하거든. 사실 나는 책만 있으면 어디에서든 심심해하지 않고 잘 지낼 수 있어. 밤새워 책을 읽다 아침을 맞이할 때의 그 황홀한 현기증은 경험해 보지 않은 사람은 절대 그 묘미를 모를 거야.

그렇다고 매일매일 책만 읽는 건 아니야. 영화(DVD)도 보고 노래도 듣고 목 잠김을 막기 위해 셰익스피어를 큰소리로 낭독하기도 해. 그리고 참, 밥도 먹어. 밤새 책을 읽다 보면 무지무지 배가 고파지거든. 그럴 땐 비빔밥이 최고야. 김치를 잘게잘게 썰어 나물과 버무린 양푼이 비빔밥 같은. 한밤중에 혼자 밥 먹는 재미도 책이 내게 주는 하나의 큰 즐거움이야.

나는 정말 책들이 좋아. 책 중에서도 사라진 책들, 소멸된 책들이야. 분서갱유의 희생물이 된 책들. 우리가 잘 아는 움베르토 에코의 『장미의 이름』에서 장님 호르헤 수도사가 책에 독을 묻혀가면서도 보호, 은폐하려고 했던 아리스토텔레스의 시학 2권(웃음에 관한 책) 같은 것, 그 책도 결국은 화재로 사라져 버렸지만. 알렉산드리아 도서관을 비롯해 진시황, 나치들, 크고 작은 전쟁들이 무자비하게 폭격하고 학살한 책들. 사실은 내가 읽고 싶은 책들은 그런 책들이야.

페르난도 바에스가 오스트리아 어느 고서점에서 겉표지도 속표지도 다 떨어져 나간, '금서'라는 검열관의 붉은 도장이 쾅! 찍혀 있는 페데리코 가르시아 로르카의 낡은 시집을 발견했을 땐 마치 그 책을 내가 발견한 것처럼 기뻤어. 무지무지 부럽기도 하고. 나는 그런 책들이 좋아.

아무리 도서관을 뒤지고 뒤져도 찾아낼 수 없는, 불탄, 불타 버린 책들. 그런 책들의 책 귀신들. 사라진 책들의 묘지를 서성이며 탐욕스레 책 귀신들을 기다리며 쓴 외로운 책벌레들의 괴기소설. 그들이 만들어낸 밤의 도서관에 꽂혀 있는 불멸의 책 귀신들. 나는 그런 책들이 좋아. 왜냐면 나는 살아 있는 사람들의 책보다 죽은 사람들의 책이 더 좋거든. 그들이 책 속에서 내게 권하는 책들이 내겐 더 흥미롭거든. 물론 그 속엔 아직도 살아 있는 사람들도 많아. 그래도 나는 귀신들이 권하는 책들이 더 좋아. 그들에겐 '사라짐의 미학'이 겹겹으로 달라붙어 있어. 그 겹을 한 겹, 한 겹 발라내며 맛보는 희열이야말로 내 인생의 최대 목표며 재미야. 그 힘으로 나는 남들이 모르는 환상도 만들고 유머도 만들고 세상의 모든 기상천외한 불가사의들을 이해하게 돼. 그러면 인생은 별 볼 일 없어도 그 속에서 획득해 내는 재미는 무진무궁해져. 그래서 나는 죽은 책들의 묘지를 서성이는 외로운 책벌레들을 진심으로 사랑해. 그들과 클럽이라도 만들어 자주 만나고 싶지만 그들은 대개가 사람 많은 곳을 좋아하지 않아. 그래서 사귀기가 힘들어. 하지만 책 이야기를 시작하면 하루 종일 함께 있어도 눈이 반짝반짝해. 너도나도 그동안 소중히 사귄 책 귀신들을 자랑하려 혈안이 되어 시간 가는 줄을 모르는 거지. 그럴 때도 우리는 무지무지 배가 고파져 이것저것 먹지 않으면 안 돼. 그게 또 우리가 아직 사라지지 않은, 살아 있다는 증거이기도 해.

혹 관심이 있다면 페르난도 바에스의 『책 파괴의 세계사』나 매튜 배틀스의 『도서관, 그 소란스러운 역사』나 알베르토 망구엘의 『독서의 역사』, 크리스토퍼 B. 크레브스의 『가장 위험한 책』 등을 읽어봐. 이 지상에서 얼마나 많은 책들이 무고한 누명 아래 억울하게 사라지고 덧없이 아깝게 죽어갔는지를 알 수 있어. 그리고 덤으로 인간 심리학에도 도통하게 돼. 그래서 내 소원도 보르헤스처럼 죽어서도 도서관 근처에 사는 거야. 아니 도서관 귀신이 되는 거야.

언젠가 이탈리아의 풍자화가 주세페 아르침볼도(1527~1593)의 그림 〈사서〉를 보았는데 아, 바로 저거야. 내가 되고 싶은 귀신! 온몸이 책으로 뒤덮인 사서! 그 후부터는 죽어서 꼭 도서관의 사서가 되리라는 희망에 부풀었어. 그 때문에 지금 못 읽은 책들은 죽어서 읽으면 되지, 하는 여유로움도 생겼어. 신기하게도 나를 괴롭히던 못 읽은 책들에 대한 강박관념에서도 벗어나게 되었어.

나는 책들이 파괴되는 게 정말 싫어. 지금 내가 사는 집은 아주 오래되고 낡아 많이 불편해. 그래도 나는 이곳이 좋아. 정독도서관 때문이야. 도서관 가까이 사는 게 좋아 한겨울에 벌벌 떨게 하는 전세집의 외풍 앞에서도 나는 용감해질 수가 있어. 언제라도 달려가 내가 좋아하는 책들을 빌릴 수 있는데 까짓것 외풍쯤이야…. 남들은 그런 나를 보고 참 인생 어렵게 산다고 하지만 어차피 나는 모든 게 너무 빨리 변하고 너무 빨리 돌아가는 21세기와는 도무지 잘 맞지가 않아. 아무리 발 동동거리며 따라잡으려 해도 따라잡을 수가 없어. 그럴 바엔 차라리 덜 먹고 덜 살면서 아주 천천히 가고 싶어.

터키의 소설가 오르한 파묵이 『하얀 성』에서 그랬잖아. "편도 마차 승차권으로는 한번 여행이 끝나고 나면 다시는 삶이라는 마차에 오를 수 없다. 그렇지만 만약 당신이 책을 한 권 들고 있다면, 그 책이 아무리 이해하기 어렵고 복잡하더라도, 당신은 그 책을 다 읽은 뒤에 언제든지 처음으로 되돌아가 다시 읽음으로써 어려운 부분을 이해하고 그것을 무기로 인생을 이해하게 된다"고. 나도 그래.

나는 책에서 참 많은 걸 배워. 나는 책과 독서에 관한 인류의 끝없는 갈망과 위대한 사랑을 믿어. 아무리 고약한 자들이 폭탄과 탐욕과 오만으로 책들을 불사르고 소멸시켜도 죽은 책들의 묘지를 서성이며 무한한 사랑을 쏟아내고 또 쏟아내는 외로운 책벌레들이 살아 있는 한, 사라진 책들은 책 귀신이 되어서라도 우리에게로 다시 돌아올 거야. 내가 가장 뜨겁게 찬미하고 나를 가장 겸허한 행복에 빠뜨리는 건 언제나 그들, 책 귀신들이니까.

## 달콤한 빙산

올 상반기는 정신없이 흘러갔다. 그동안 14년 만에 네 번째 시집 『우린 아무 관계도 아니에요』를 내고 연이어 문학 에세이집 『오늘은 바람이 좋아, 살아야겠다』를 냈다. 참으로 오랜만에 창작집을 출간한 셈이다. 대부분이 오래된 원고들이라 교정을 보는 내내 즐겁고, 나의 아픈 분신들 같아 무척 고맙고, 그동안 왜 이들을 모른 체하고 외면해왔는지 많이 미안하기도 했다.

몸은 한없이 피곤한 데도 출간된 두 권의 책을 받아 책꽂이에 꽂을 땐 무언가를 해냈다는 뿌듯함에 마음이 설레었다. 오랜만에 근사한 식당으로 가 혼자서 맛있는 음식도 시켜 먹고, 질 좋은 포도주도 한 잔 마셨다. 그렇게 내리지 않던 비까지 내려 나를 축하해주는 듯해 집으로 돌아오는 길엔 콧노래까지 흥얼거렸다.

이렇듯 기분이 좋은 걸 보면 분명 나는 글 쓰는 사람임에 틀림이 없다. 오랫동안 시집을 내지 않고 게으름으로 숨죽인 것도 어쩌면 유행을 좇는, 그에 부응하는 시류에 순응하는 시들에게 어쩔 수 없이 나도 합류할까 두려웠기 때문인지도 모른다. 하여 자꾸만 시에서 도망치고 문학에서 도망쳤지만… 결국은 제자리로 돌아와 문학 앞에 무릎 꿇고 앉아 있는 걸 보면. 그래도 기분은 좋다. 오랜만에 맛보는 문학에의 칼칼한 갈증이 갑자기 내린 비에 온몸이 다 젖었음에도 상쾌한 엑스터시와 함께 처음으로 모든 것에서 해방되는 듯한 쾌미를 맛보고 있으니까.

"배가 느린 발걸음으로 앞으로 나아갈 때/ 영혼은 빈 공간에 떠 있는 달콤한 빙산 같아 보였다"고 한 괴테의 시구절처럼 나 자신이 달콤한 빙산이 된 듯했다. 빈 공간에 떠 있는 달콤한 빙산!

그래, 어쩌면 그동안 내가 잃고 산 게 저 달콤함이었을지도 모른다. 달콤함은 덫이라는 강박관념에 사로잡혀 나도 모르게 그 미덕을 전면적으로 불신하면서. 너무나도 불친절한 세상에서 나 혼자만이라도 친절함을 잃지 않으려 「세상에서 가장 친절한 사람」이라는 시도 썼으면서도 내 천성인 친절과 다정함에 내가 먼저 주눅 들어 주변 사람들을 아프게, 슬프게 했을지도 모른다. 고의적으로 날카롭고 차가운 빙산처럼 굴었을지도 모른다. 이제는 그러지 말자. 나와 분리된 듯한 느낌과 열기에는 더이상 곤혹스러워하지도 타협하려고 하지도 말자. 그냥 달콤한 빙산처럼 서서히 녹으며, 아직 걸어보지 못한 좁고 넓은 길, 들어가 보지 못한 집, 열지 못한 크고 작은 창문들, 나서보지 않은 시냇물들을 주변 사람들과 기꺼이, 즐겁게 맛보며 살자. 내가 쓰는 글은 모두 그들을 지나 내게로 가는 길. 그 단순함에, 그 기쁨에 기대 이빨쯤은 좀 썩든 말든 마음껏 나를 자유롭게 놓아주자.

진정한 시인은 늘 무언가에 맞서야 한다고 했지만 나는 이제 나 외에는 누구에게도 맞서고 싶지 않다. 그리고 그동안 내가 맞서 왔던 것들에게 더이상 징징거리며 불평하고 싶지도 않다. 무언가에 맞서는, 그 극적인 순간은 너무도 짧아서 자신도 모르는 새에 다시 구태의연한 덫에 빠져버린 자신을 보게 되지 않던가. 실패한 개혁의 악순환처럼.

그럴 바엔 차라리 달콤한 빙산이 되어 행복하게 녹아내리고 싶다. 그 속에 담긴 부정과 순응의 뜻은 다 지우고, 서서히 소멸하는 달콤새콤함처럼.

# 눈 내린
# 하루 풍경

눈이 내린나. 핑펑 내린다. 큰 눈이다. 삽시간에 온 동네가 하얗게 변한다. 새해 들어 첫 설경(雪景)이다. 나는 창문을 활짝 열어놓고 펑펑 내리는 눈 구경을 한다. 멋지다. 예쁘다. 황홀하다. 감상만으론 안 되겠다 싶어 텀블러에 뜨거운 커피를 담고 흰 비닐우산을 쓰고 밖으로 나간다. 코로나19 때문에 동네 카페에도 갈 수 없으니 사람 잘 안 다니는 골목 계단에 앉아 눈 구경하며 커피 마셔야지.^^

나는 서대문도서관 가는 길목 외진 계단을 찾아 앉는다. 날이 추워 금세 손이 시려오고 발이 시려온다. 그래도 기분은 내리는 눈처럼 새하얗고, 가볍고, 포근포근하다. 내 발자국도 내리는 눈이 금방금방 품어버린다. 눈 속에서 혼자 마시는 커피 맛도 일품이다. 휴대폰을 꺼내 며칠 전 남동생이 카톡으로 보내준 살바토레 아다모의 〈눈이 내리네〉를 튼다. 저음의 부드러운 목소리는 간절하게 절망을 호소하고 있지만 내 멜랑콜리는 그 목소리 때문에 더 달콤해진다. 이상하게도 나는 이 노래와 라벨의 〈볼레로〉는 들으면 들을수록 더욱 좋아진다. 마치 원래부터 내 것이었던 것 같다. 차츰 눈발이 약해지고 곧 어두워질 듯해 나는 자리에서 일어나 그새 우산 위에 쌓인 눈을 털고 집으로 발길을 돌린다.

온 동네가 하얗다. 하얀 옷을 입었다. 내가 사는 집도 하얗다. 대문 앞도 하얗고 이층계단도 하얗다. 어둠이 조금씩 내려앉는 데도 하얗다. 너무나 고즈넉하고 너무나 평화롭다. 코로나19 바이러스도 저 눈이 다 덮어버렸으면 좋겠다.
눈이 그치니 몇몇 집에선 벌써 대문 밖으로 나와 눈을 치우고 있다. 조금 더 두었다 치우지. 나는 괜히 아까워 입을 삐죽거린다.

집으로 돌아와 바깥이 잘 보이게 겉 유리창은 닫고 속문은 열어둔 채 저녁 준비를 한다. 어제 시장 봐온 코다리로 찜을 만들 작정이다. 코로나19가 바꿔버린 습관 중 하나—밥은 꼭 집에서!—때문에 요즘의 나는 요리에 시간을 많이 할애한다. 온전한 요리 한두 가지는 꼭 만들어 먹는다.

　이것저것 요리에 정신을 쏟다 보니 어느새 캄캄한 밤! 그런데 바깥에서 정답고 귀여운 목소리가 들려온다. 연호다! 아래층에 사는 여섯 살짜리 꼬맹이. 부부가 직장에 다녀 할머니와 놀다가 이제 집으로 돌아오는 모양이다. 나는 창을 열고 연호야! 손을 흔든다. 연호도 손을 흔들며 엄마랑 눈사람을 만들 거라며 건물 입구에서 환하게 웃는다. 눈사람? 나도 눈사람 만들고 싶다! 참을 수 없는 반가움에 외투를 걸치고 장갑을 끼고 밖으로 나긴다. 그렇게 우리는 어두운 골목에서 눈뭉치를 굴리고 또 굴려 눈사람을 만든다. 눈 뭉치는 굴리면 굴릴수록 하얀 말똥구리처럼 커지고… 아, 꼬맹이가 곁에 있으면 다 큰 어른들도 금세 동심으로 돌아갈 수 있구나. 조용조용, 하하하 웃는 즐거운 소리에 3층 주인집 마나님도 내려와 눈사람 만들기에 합세했다. 대추로 입을 만들고, 대추나무 가지로 코와 눈썹을 만들고…, 드디어 완성된 눈사람! 연호 키와 비슷한 꼬마 눈사람. 한밤중에 마스크를 쓴 어른 세 명과 마스크를 쓴 꼬마 한 명이 만든, 울퉁불퉁하지만 멋진 꼬마 눈사람! 우리는 그 꼬마 눈사람을 찰칵! 제각기 휴대폰에 저장한다.

오늘 밤엔 우리 모두 꼬마 눈사람을 안고 자요! 그러곤 집으로 돌아와 늦은 저녁을 먹는데 밥맛도, 기분도 꿀맛이다. 아주 큰 일을 한 건 한 듯 콧노래가 절로절로 나온다. "눈이 내리네~ 오늘 밤 그대는 오지 않겠죠~ 눈이 내리네~ 그런데도 내 마음은 기쁨에 싸여 있어요~" 나는 내 마음대로 가사를 바꿔가며 라라라라라라라~ 다시 펑펑 내리는 눈 속으로 들어간다. 겨울나라엔 눈이 있어서 참 좋다. 꿈같은 눈사람을 만들 수 있어서 너무 좋다.

# 아주 오래된 편지 한 장
– 김점미 시인에게

점미야, 어느덧 한 해가 가고 새로운 한 해가 떠오르려 하고 있어. 우리에게 이 '새로운'이란 낱말이 없었다면 어떠했을까? '새로운'이란 이 낱말이 있기에 나는 다가오는 새해 앞에 무릎을 꿇고 앉아 감사 기도를 드리고 있어. '새로운'이란 낱말이 있기에 세월에게 온전히 나를 다 빼앗기진 않았다는 안도의 숨을 내쉴 수가 있고, 내쉬고 있어.

점미야, 새해가 오면 이 언니도 어느덧 시력 16년으로 들어서고, 50대의 대열에 합류하게 돼. 그동안 잘 살아온 것일까? 아니면 잘 살아오지 못한 것일까? 그런 생각은, 그런 반성은 이제 더이상 하지 않으련다. 거울 앞에 서니 어느새 내 머리카락에도 하얀 물이 드문드문 들기 시작했어. 그 모습을 바라보며 어른들이 말하는 '회한'이란 낱말을 입속으로 나직이 불러보니 눈시울이 금방 붉어지는 걸 보니 '회한'이란 말 역시 열정처럼 뜨거운 말임을 알겠어.

    뜨거운 말들. 그래 네 말처럼 이 언니는 뜨거운 말들에 기대 살아왔던 것 같아. 혼자서, 조용히, 달리는 사람들의 뒤에 서서 언어들이 꾸는 꿈에 기대 살아왔던 것 같아. 성냥팔이 소녀가 성냥이 꾸는 꿈에 기대 차가운 몸과 마음을 녹였듯이…. 그래도 뒤돌아보니, 생각했던 것만큼 그렇게 불행한 시간들만은 아니었던 것 같아. 덧없는 행복, 덧없는 사랑, 덧없는 꿈에도 성장인자는 들어있었던 것 같고, 심연 깊이 웅크리고 있던 스산한 고요까지도 되도록 내 따뜻한 손길로 어루만지려 노력했던 것 같으니까….

    어제는 네가 찍어 보내준 부모님 산소 둘레에 옹기종기 들꽃들이 피어 있는 사진을 한참 동안 들여다보았어. 산소에 핀 꽃들은 착한 꽃이라고 에밀 브론테의 소설 『폭풍의 언덕』에서 히스클리프가 캐시에게 속삭이던 장면이 생각나, 그래, 우리 부모님은 착한 사람들이야, 자연도 그걸 아네, 하며 혼자 미소 지었단다. 그 작고 예쁜 꽃들을 바라보며 욕심 없고

순한 것들이 점점 사라져가고 있는 현실을 못 견디게 아파하면서도.

　요즘은 어딜 가도, 무엇을 보아도 어른들과 아이들의 경계가 점점 사라지고 아이들의 세계와 어른들의 세계가 똑같아지고 있어 참 슬퍼. 어른들과 아이들의 세계는 분명 달라야만 하는데…. 하여 요즈음은 어린이다운 어린이를 만나는 게 어른다운 어른을 만나는 것만큼 힘들어지고 있어. 그래서인지 한층 더 부모님이 살아계실 때의 그 시절, 그때가 그리워져.

　창문을 여니, 기다리기나 한 듯 창밖에서 새들이 요란하게 지저귀네. 자연의 소리들도 예전과는 참 많이 달라졌어. 왠지 품격을 잃어가고 있는 듯한… 늘 뒤끝에 한 줌 아쉬움을 남겨. 나 자신도 그런 것은 아닌지… 은근히 걱정이 들어.

　접미야, 그래도 우리는 시간을 믿어보기로 하자. 시간은 늘 우리에게 올바른 제자리를 찾게 해준 좋은 친구였으니까.

　새해부턴 너도 시인답게 좋은 시들을 많이 읽고, 많이 쓰기를 바라. 글 쓰는 도구들과 친해지면 친해질수록 더 깊고 아름다운 심연을 만날 수 있단다. 그곳에서 멋지게 다이빙도 하고 수영도 하고 멋진 잠수도 해보렴.

　언어 또한 사람처럼 살아 있는 생명체라는 걸 느끼게 되면 언어에 대한 불신은 사라지고, 무한한 애정이 샘솟는단다.

　시인의 마음 안에 언어에 대한 사랑과 경의의 마음이 가득하다면 어떤 불행과도 비밀 없이 잘 사귈 수 있단다.

　지난주, 네가 잠깐 서울에 들러 눈이 펑펑 쏟아지는 길을 너와 함께 걸을 수 있어 참 좋았단다. 늘 건강 조심하고, 너를 가장 행복하고 풍요롭게 해주는 것들과 치열하게 사랑하고 미치며 살기를 바라.

　너를 사랑하는 언니가 새해 앞에서.

# 새를
# 사랑하는 마음

새가 날아간다. 옆으로 V자를 그리며 새떼가 날아간다. 보는 것만으로도 역동적이고 생동감이 넘친다. 공중에서 이뤄지는 최고의 군무다. 어디로 가는 걸까? 따라가고 싶을 정도로 힘차고 자유로워 보인다. 어떤 종류의 새일까? 너무 높아 알 순 없지만, 이 삭막하고 단조로운 일상에서 아직도 새들의 비행을 즐길 수 있다는 건 얼마나 다행한 일인가.

어릴 땐 새와 나비는 하늘정원에서 내려온다고 생각했다. 그만큼 그들은 신비하고 경이로웠다. 마당에서 폴짝폴짝 뛰는 참새조차도 귀여운 요정같이 사랑스러웠다.

직박구리, 까치, 박새, 딱따구리, 비둘기, 까마귀, 두견새, 소쩍새, 노고지리…를 입속으로 부르니 문득 몇 개월 전에 본 자크 루엘 감독의 영화 〈새를 사랑한 화가〉가 떠오른다. 19세기 조류학자인 동시에 뛰어난 화가였던 존 제임스 오듀본(1785~1851)이 12년간에 걸쳐 완성한 역작이자 인류 역사상 가장 위대하고 비싼(무려 100억원이 넘는) 도감이라 평가받는 『북미의 새』를 스크린에 옮긴 프랑스 다큐멘터리 영화다.

이 영화 속엔 오듀본이 새들의 서식지, 생태, 이동 경로를 직접 발로 뛰면서 그린 453점의 놀라운 감동, 그 자체인 그림들이 생동감 있게 담겨 있으며, 그의 주 활동지역인 미시시피 강 유역에 살던 북미 원주민들의 초상화를 오듀본 못지않게 정성스레 그린 미국 화가 조지 캐틀린(1796~1872)의 소중한 그림과 미국 제7대 대통령인 앤드루 잭슨이 등장한다. 이 영화는 앤드루 잭슨, 그가 얼마나 잔인하고 냉혹한 인종차별주의자, 인디언과 원주민들을 대몰살시켰는가를 다시 한번 깨닫게 해준다.

그리고 마지막 부분, 시애틀 원주민 추장이 조상들의 땅을 빼앗으려는 백인들에게 경고한 "모든 동물이 사라진다면, 인간은 고독한 영혼으로 죽을 것이다. 백인들도 사라질 것이다. 아마 다른 부족들보다 빠르게 사라질 것이다. 그러나 마지막 원주민이 이 세상에서 사라지면, 그의 기억은 대초원의 구름에 새겨질 것이며, 강과 숲은 여전히 내 사람들의 영혼을 품을 것이다. 이 세계는 인간으로부터 창조된 것이 아니며, 인간도 이 세계를 이루는 일부일 뿐이다. 이 세상에 범하는 모든 일은 인간 자신에게 돌아올 것이다"라는 메시지엔 눈물이 핑 돌았다. 180년 전의 메시지이지만 21세기를 살아가는 너와 나, 우리에게 아직도 유효한 질문인 동시에 답이기 때문이다.

이 영화가 아니더라도 새를 사랑하는 마음으로 새를 그리고, 연구하고, 찾아다니고 사진을 찍는 조류 연구가들을 만날 때마다 '대단하다!'는 감탄사가 절로 나온다. 일반인들은 아무리 노력해도 새 종을 알아보기가 정말 어렵다. 자세히 보기도 전에 새들은 마치 놀리기나 하듯 포르르 날아가 버린다. 관찰할 기회조차 주지 않는다. 그래도 괜찮다. 새들의 이름을 몰라도 매일매일 내 창으로 날아와 노래하는 그들을 보는 건 언제나 즐겁고 고마운 일이니까.

# 서대문 자연사박물관 가는 길

서대문자연사박물관 가는 길목에서 산사나무 열매를 먹고 있는 콩새를 만났다. 며칠 전엔 너무너무 깜찍하고 쪼끄만 상모솔새를 보았는데, 오늘은 그보다 조금 큰 콩새를 만났다. 내 발소리에 놀라 더 높은 나뭇가지로 폴짝 뛰어오르는 모습이 너무 귀여워 걸음을 멈추고 올려다봤다. 튼튼하고 단단한 부리, 굵은 목, 꽁지가 짧은 걸 보니 콩새가 분명했다.

콩 같은 단단한 것을 잘 먹는다고 하여 붙은 이름이지만 묘하게 그 이름과 잘 어울려 나는 많이 먹어! 많이 먹어! 다정히 소리치며, 나를 등지고 앉은 콩새의 초콜릿색 등줄기를 향해 손을 흔들었다.

많은 이처럼 나 역시 이 지구엔 이제 공룡은 없다고 생각했는데 최근 읽은 공룡 책들에 의하면 아직도 이 지구 위엔 약 1만 400종의 공룡이 멸종하지 않고 우리와 함께 살고 있다고 한다.

바로 새들! 새가 바로 공룡이란다. 그렇다면 내가 만난 상모솔새도 콩새도 까마귀와 까치, 오리, 직박구리도 모두 공룡이란 말인가. 믿기지 않지만 사실이란다. 그 때문인지 요즘은 새들에게 자주 눈이 간다. 저 작고 예쁜 것들이 공룡의 피가 흐르는 존재였다니! 세상은 알면 알수록 더 수수께끼 같은 곳이라 생각하며 부지런히 서내문지연사박물관을 향해 걷는다.

요즘 내가 가장 좋아하는 길. 한겨울이라 바람은 세차고 스산하지만, 근사한 알몸을 뽐내는 겨울나무 사이를 걷는 것도 모처럼 유용한(?) 낭만 같아 저절로 콧노래가 나온다.

가방에는 간식용으로 빵과 샤인머스캣 열 알과 엔요 두 병과 1985년도판 『이상 시전집』과 조원규 시집 『밤의 바다를 건너』가 들어 있다. 두 시인을 좋아해 매년 이맘때쯤이면 다시 꺼내 보는 시집들이다. 나와는 다른 시를 쓰지만, 두 시인의 복잡한 감성 통로를 통해 그들만의 감정 대기실로 들어서는 그 순간이 너무 좋아 이제는 절친이 된 시집들이다.

　오늘은 세상사 모든 시름은 잠시 잊고 이들과 온종일 즐겁게 놀아볼 생각이다.

　자연사박물관으로 들어서니 중앙홀 한가운데 백악기 초기 공룡인 거대한 아크로칸토사우루스 골격이 우뚝 서 있다.

　멋지다! 진짜 뼈는 아니지만, 미국에서 제작한 9미터 길이의 대형 육식 공룡 화석으로 전 세계 자연사박물관 중 미국의 캐롤라이나과학박물관과 한국의 서대문자연사박물관, 이 두 곳에만 전시돼 있다고 한다.

　올겨울 나는 이곳에서 책도 읽고, 짬짬이 글도 쓰고, 초유의 호기심으로 3만 점이 넘는 다양한 생물 화석들과 표본들을 둘러볼 계획이다. 그들과의 지속 가능한 푸른 공존을 꿈꾸며.

# 두 시인을
# 떠나보내고

아무것도 하고 싶지 않을 때, 지금만 내가 균열하고 균열되는 느낌일 때, 나는 창문을 활짝 열고 바깥의 온갖 소리들을 내 방으로 끌어들인다. 자잘한 바람 소리, 멀리서 들려오는 자동차 소리, 언덕길을 후다닥 내려가는 발걸음 소리, 배달원들의 오토바이 소리, 대문을 여닫는 소리, 개 짖는 소리, 고양이 우는 소리, 새들의 힘찬 지저귐… 등등. 그러면 조금씩 사람들 사는 모습이 보이고, 이 지구가 멈춘 것이 아니라 계속 돌아가고 있다는 게 어렴풋이 피부에 와 닿는다.

칼바람 쌩쌩 부는 한겨울임에도 나는 그렇게 자주 창문을 열어놓고 바깥세상의 움직임을, 그들이 내는 바쁜 숨소리를 염탐한다. 그러면 멈추어 있던 기차바퀴가 서서히 움직이며 나를 어디론가로 데려간다. 먼 기억의 어디쯤, 아니면 어제 만난 사람과 나누었던 조금은 따뜻했던 대화 속 온기 곁으로. 그럴 때 문득 비가 오고 눈이 내리면 나도 모를 어떤 활기가 심연 깊이에서 스멀스멀 기어 나온다. "바람이 분다, 살아야겠다!"고 말한 폴 발레리처럼 나도 "비가 오네, 눈이 내리네, 조금만 더 힘을 내자"라는 마음이 생겨난다.

그러곤 다시 힘을 내고 책상 앞에 앉는다. 이번 달은 이상하게도 글이 잘 써지지 않는다. 마감이 훨씬 지난, 아직 쓰지 못한 원고들이 3꼭지나 있다. 새해 들어 내가 참 좋아하는 시인 두 분이 이 세상을 떠났다. 이승훈 선생님과 김영애 시인. 가깝다면 아주 가까운 사이인 두 분을 하늘나라로 보내드렸다. 죽고 사는 것은 하늘의 뜻이라며 다른 사람에 비해 표나게 죽음 앞에 무덤덤했음에도 이번엔 말할 수 없이 마음이 아팠다.

시인으로서, 한 사람으로서 이승훈 선생님은 참 배울 게 많은 분이셨다. 문학 안에서나 인생 안에서나 참으로 자유롭고 깊은 시인이셨다. 나는 선생님의 제자도, 선생님의 최측근도 아니었지만, 선생님이 나를 시인으로 뽑아주셨다는 사실만으로도 늘 자랑스럽고, 지금도 자랑스럽다.

　　김영애 시인은 나와 함께 연극도 하고, 내가 일생 동안 좋은 친구로 지내고 싶은 사람이었다. 가끔씩 그녀가 내게 던지던 최악의 시니컬한 그 블랙 유머까지도 사랑한, 몇 안 되는 참 좋은 친구였다. 나는 그녀가 그토록 갑작스럽게, 그토록 빨리 이 세상을 떠날 줄은 몰랐다. 죽음 앞에선 누구도 속수무책일 수밖에 없지만, 그래서 죽음은 인간의 영역이 아니라 신의 영역일 수밖에 없지만, 이승훈 선생님과 김영애 시인의 죽음은 몇 번이나 거듭해서 나를 아-아-아! 눈물 쏟게 했다.

　　그렇게 두 번의 장례식에 참석한 후 나는, 홀스트의 〈행성〉과 닉 드레이크의 〈Pink Moon〉, 제프리 구루물의 〈주황발무덤새〉를 연거푸, 오래오래 들었다. 그러곤 책상 앞에 앉았다. 그동안 내가 산 삶을 반성해야 한다면, 아주 많이 슬프고 아프면서도 하나도 아프지 않고 슬프지 않은 듯 늘 웃고 살았다는 것이다. 그리고 며칠 내로 밀린 원고를 다 마무리해야 하는 지금도 여전히 웃고 있다는 것이다. 아마 나는 며칠 밤을 꼬박 새워서라도 까짓것, 어쨌든, 기필코 원고들을 다 마무리해내고야 말 것이다. 웃음은 크고 강력한 힘인 동시에 시공간의 구애를 받지 않는, 유일한 나의 활력소, 나만의 겸손한 자유가 되어줄 테니까. 나는 원고 작업에 들어가기 전에 깨끗이 손을 씻고, 이승훈 선생님의 시 「오토바이」를 찾아 다시 한번 큰소리로 읽어본다. 두 시인의 명복을 빌며.

   난 해 질 무렵 몽상가 소부르주아 시인
   세상엔 관심이 없다 내가 관심을 두는 건
   의자, 작은 방, 개미, 염소

   피와 이슬로 된 술 난 현실 따윈 모른다
   알려고 하지도 않지만 난 현실을 모르는
   국문과 교수 허리띠를 헐렁하게 매고
   거울을 연구하는 교수

   그러나 그러나 그러나 감기엔 맥을 못 춥니다
   30년 전부터 어디론가
   떠나고 싶었지만!

   — 이승훈, 「오토바이」 전문

# 어린 날,
## 어머니가 사준 공책 두 권

나의 스승, 내 시의 스승은 누구인가? 아무리 생각하고 생각해도 내 시의 스승은 나의 어머니인 듯하다. 초등학교에 입학하기 전, 내가 글자를 채 깨우치기 전, 어린 나이에 어머니가 사주신 공책 두 권. 그게 내 글쓰기의 첫 계기가 아니었을까?

    그 당시 어머니는 작은 양계장과 동물사료가게를 겸하고 있었다. 그 때문에 어머니는 늘 바쁘셨다. 언니와 오빠는 학교에 다니고 있었고, 내 밑으로 어린 두 동생이 있었다. 내가 하는 일은 그 동생들을 돌보며 닭 모이와 병아리 모이를 주는 것이었다. 아직 일곱 살도 채 되지 않은 나이임에도 나는 그 일이 즐거웠다. 아침 일찍 닭장에 들어가면 하얀 달걀들이 나를 반겼으며, 작은 방 한 칸에 층층이 살고 있는 귀여운 노란 병아리들은 내가 먹을 것을 주기를 날마다 기다리고 있었다. 사방에서 삐약삐약! 재잘재잘! 시끄럽고 소란스럽기 그지없었지만 나는 마치 병아리들의 말을 알아듣기나 하듯 그래그래, 하며 그들에게 모이를 나눠주었다. 얼마나 귀엽고 사랑스러운지! 나는 지금도 노란색만 보면 그때의 병아리들이 생각나 입가에 절로 미소가 번진다. 특히 활짝 핀 개나리꽃들을 볼 때면 그 병아리들이 층층이 고개를 내밀며 삐약삐약! 인사하는 것만 같아 괜히 기분이 좋아진다.

    그렇게 그들에게 모이를 주고 나면 동생들을 데리고(하나는 업고, 하나는 손을 잡고) 동네 마실(산책)을 나간다. 그러다 학교에서 오빠 언니가 돌아오면 동생들과 함께 오빠 언니 곁에 바짝 붙어 앉아 숙제하는 걸 지켜보았다. 그 당시엔 어린이 책들이 귀해 오빠 언니 교과서가 내겐 훌륭한 동화책이 되어주었다. 오빠 언니가 교과서를 읽어주는 대로 따라 읽기도 하고 기억을 더듬어 혼자서 읽어보고, 또 읽어보다 나도 모르는 사이 글자를 하나둘 깨우치게 되었다. 어느 날 그 사실을 어머니께 자랑했더니 어머니는 내가 아는 단어들을 종이에 적어보라고 하셨다. 나는 신이 나서 하얀 종이 가득 내가 아는 단어들을 써 내려갔다. 어머니는 깜짝 놀라며 그 다음 날 내게 공책 두 권을 사주셨다. "이곳에다 네가 아는 글자들을 차곡차곡 채워 넣거라."

나는 너무 기뻐 어쩔 줄 몰라 하며 그 공책 맨 앞장에 가장 먼저 '어머니의 숙제'라고 커다랗게 썼다. 그러곤 오빠 언니에게 "나도 숙제가 생겼다!"며 몇 번이나 자랑했다. 나는 그 공책에다 글도 쓰고 그림도 그렸다. 그림을 그리게 된 건 동생들을 위해서였다. 꽃도 그리고 집도 그리고 나비도 그리고 아버지 어머니 동생들도 그렸다. 물론 그림 밑에는 글자도 썼다. 나는 그 공책을 메우기 위해서 동네 구석구석을 돌아다니며 단어들을 모았다. '나비'라는 글자를 쓰기 위해 몇 시간씩 나비들을 쫓아다니고, '바다'라는 글자를 쓰기 위해 오랫동안 바닷가에 앉아 있었다. 그런 식으로 공책을 한 장 한 장 메워 나가기 시작했다.

어머니가 사주신 공책 두 권. 아마 내 글쓰기의 '첫'은 그때부터 시작되었을 것이다. 매일매일 그 공책을 단어들로 메우며 그 뜻뿐만 아니라 단어들과 더불어 세상과 소통하는 법도 배워나갔으며, 나의 이런 습관은 나를 훌륭한 관찰자로 만들어주었으며, 그 공책 덕분에 나는 혼자 있어도 심심하지 않았으며, 혼자서도 아주 잘 놀았다. 그리고 그 습관은 일찌감치 나를 독서의 세계로 이끌어 글자와 떼려야 뗄 수 없는 문학의 길로 인도했으리라. 그런 의미에서 내가 시인이 된 것은 순전히 어머니의 덕이며 어머니가 사주신 공책 두 권의 덕분이라 생각한다. 나는 아직도 그때의 희열을 잊지 못한다. 아는 단어를 하나하나 공책에 적으며 새로운 단어에 눈을 뜨고, 그 단어들을 모아 문장을 만들고, 그 문장에 나 스스로 감동하고 행복해 했던 나의 글쓰기의 '첫'.

그 덕분에 나는 학교에 입학해 반듯하게 글씨를 쓰고, 책 잘 읽고, 글쓰기는 물론 그림도 꽤 그리는 학생이 되어 학교 게시판은 물론 학급문집을 도맡아 하는 아이가 되었다.

내가 시인이 되었을 때 어머니는 무척 기뻐하셨다. 시집도 안 간 자식이 서울이라는 대도시에서 시나 쓰면서 혼자 사는 게 마땅치 않았겠지만, 어머니는 돌아가시기 전까지 둘도 없는 내 시의 애독자셨다. 칠순이 넘은 해에 녹내장 수술을 하여 글 읽기가 무척 힘들었을 텐데도 내 시집은 물론 잡지, 사보, 신문에 실린 글까지 다 찾아 읽으셨다. 그리고 꼭 잘 읽었다는 전화를 해주셨다. 나는 그 재미로 내 글이 실린 것은 무엇이든 어머니께 보여드렸다. 어머니가 내 글을 꼭꼭 챙겨 읽어주시는 것만으로도 내게는 큰 힘과 격려가 되었다. 비록 내가 쓴 글이 많이 부족하고, 그 글이 세상이 다 알아주는 명문이 아니어도 어머니는 그 글에 담긴 딸의 모습을 사랑의 눈으로, 대견한 마음으로 지켜봐 주셨다.

　　어머니가 돌아가시고, 나는 한동안 참 많이 아팠었다. 그때 쓴 「어머니와 나」라는 시는 지금 읽어도 눈시울이 붉어진다. 그 시는 6시집에 넣을 생각이다. 그동안은 어머니를 잃은 후유증이 너무 커 문예지엔 발표했지만, 시집엔 넣기가 힘들었다. 그러나 이젠 그 후유증에서도 가벼워졌고, 어머니가 내 시의 스승인 것을 깨닫고 나니 "시는 내가 홀로 있는 방식"이라고 한 페르난두 페소아의 시구치럼 어머니도 내게 공책 두 권을 주시면서 그곳에 단어들을 채우게 함으로써 일찌감치 '내가 홀로 있는 방식'을 터득하게 하신 게 아니었을까, 그런 생각이 들었다. 아주 어린 꼬맹이 때부터 책을 좋아하는 걸 보시고는. 그러니 내 시의 스승은 분명히 어머니가 맞다. 그때 어머니는 "아무 단어나 적지 말고, 네가 그 뜻을 정확히 아는 단어만을 적어 넣어야 한다"고 말씀하셨다. 그 때문에 나는 동네 사람들을 많이 괴롭혔다. 무슨 말인지 애매한 단어를 만나면 그 뜻이 무엇이냐고 묻고 다녔으니까. 아마도 내가 무엇이든 잘 묻고, 모르는 것은 모른다고 부끄러워하지 않고 솔직하게 말하는 것도 그 영향 때문인지도 모른다.

하여 나는 내 시에 안달하지 않고 어쩌다 형편없어 보이는 시를 쓰게 되어도 크게 실망하거나 절망하지 않는다. 어머니가 충고하신 대로 '정확히 알 때까지' 거듭, 거듭 고칠 수 있는 퇴고의 힘을 믿으니까.

# 새해엔 쓰고
# 또 쓰리라

곧 새해가 온다. 나는 새해가 좋다. 지난해에 못 했던 걸 새롭게 다시 시작할 수 있는 명분을 주니까. 새해가 오면 제일 먼저 무엇을 할까? 나는 시인이니까 내 마음에 드는 좋은 시를 한 스무 편쯤 썼으면 좋겠다. 시력 35년에 겨우 시집 5권밖에 못 냈으면서 욕심도 많다며 누군가는 웃겠지만, 왠지 새해엔 그리운 시마(詩魔)가 나를 찾아올 것만 같은 예감! 벌써 가슴이 뜨거워지고, 그동안 이곳저곳으로 쪼개어져 흐르던 감성들이 한 줄기 시내를 이루며 내게로 흘러오는 게 보인다. 새해 아침이 밝아오면 그 시내에 머리를 감고, 손과 발을 깨끗이 씻고, 책상 앞에 앉으리라. 그러곤 시로 가득한 내 기억 속으로 풍덩 빠지리라. 시는 기억 속에서 자라고, 그 기억을 아름답게 춤추게 만드는 건 시인의 열정일 테니.

　우선 몸풀기를 위해 책꽂이에 꽂힌 올가 토카르추크의 『다정한 서술자』를 책상 위로 가져온다. 내 기억 속에서 춤추는 시어(詩語)들을 시의 숲으로 데려오려면 '다정한 서술자'가 필요하니까. 그리고 내가 아는 한, 그 역할을 아주 잘해줄 작가로 올가 토카르추크 만한 작가도 없으니까.

　창문을 여니 찌를 듯 선명하고 홀릴 듯 단순한 겨울바람이 온몸을 감싼다. 그 바람 속에서 내 마음속 서술자의 목소리를 듣는다. "무엇보다 먼저 써야 한다. 마치 인생이 거기에 달려 있는 것처럼." 그래, 쓰자. 쓰고 또 쓰자.

　새해 목표가 정해졌으니 앞으로 어떻게 쓸 것인가. 이 혼란한 시대를 어떤 시로 극복할 것인가. 가장 훌륭한 창작은 창작에 대한 성찰이라고 누군가가 말했지만, 이젠 그런 공식이나 미학, 계획 없이 그냥 쓰고 또 쓰고 싶다. 내 세계를 이루는 아주 하찮은 것에서부터 시작해 비 오고 바람 불고 눈 내리고 햇빛 쨍쨍한 저 들판으로 나아가고 싶다. 아마 올가 토카르추크를 비롯한 많은 시인, 작가가 그 길에 함께 해주리라. 시인은 혼자지만 시는 혼자가 아니니까.

좋은 시 스무 편? 물론 확답은 못하지만 꼭 그 가까이엔 가리라. 처음으로 시를 걸고 하는 내기. 내 살과 피와 열정을 다 쏟는다면 못할 것도 없는 내기. 나는 서랍에서 백지를 꺼내 펜을 들고 시를 쓰기 시작한다. 그러곤 그 시에 빛과 공기, 바람과 다정함을 불어넣는다. 모든 시는 사랑의 행위, 믿음의 행위. 며칠 뒤 밝아올 새해 또한 내게 무한한 우정을 보태주리라. 그러면 나는 그 안에서 보이는 것 이상의 것들로 다시 시의 문을 활짝 열 수 있으리라. 모두 모두 새해 복 듬뿍 받으세요!

**김상미의 감성엽서**
# 달콤한 빙산

초판 1쇄 발행 2025년 11월 30일

지은이 김상미

펴낸이 김명숙
펴낸곳 나무발전소
디자인 ALL design group

주소 03900 서울시 마포구 독막로8길 31, 701호
이메일 tpowerstation@hanmail.net
전화 02)333-1967
팩스 02)6499-1967

ISBN 979-11-94294-19-1  03810

※ 보호를 받는 저작물이므로 무단 전재와 복제를 금합니다.
※ 책값은 뒷표지에 있습니다.

이 책은 서울문화재단의 2025년 원로예술창작지원금을 받아 제작되었습니다.